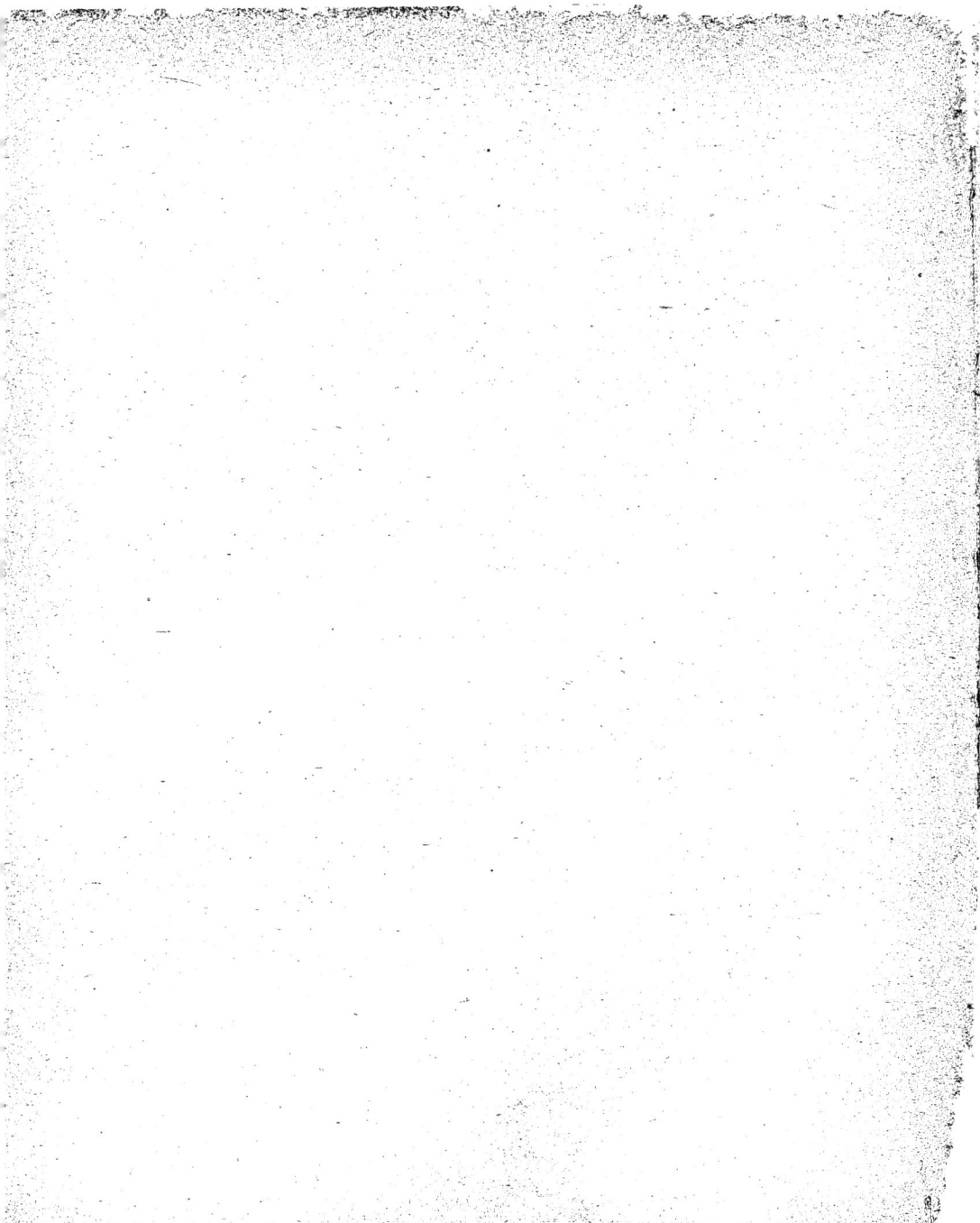

AFFAIRE RAYNAL ET VILLETTE

CONTRE

GILLY, SAVINE, PEYRON ET CHIRAC

Paris, le 26 novembre 1888.

MONSIEUR LE GARDE DES SCEAUX,

J'ai l'honneur de vous prier, comme mon collègue M. Gerville-Réache, de demander à la Chambre l'autorisation de poursuivre M. Numa Gilly en raison des diffamations dont il s'est rendu coupable contre moi par la publication de son livre intitulé : *Mes Dossiers.*

Cette publication faite à Bordeaux comme à Paris, établit la compétence de la Cour d'assises de la Gironde devant laquelle je vous demande que M. Gilly soit traduit.

Veuillez agréer, Monsieur le Garde des sceaux, l'assurance de ma haute considération.

Signé : D. RAYNAL.

Auxerre, le 29 novembre 1888.

Le Trésorier-Payeur général de l'Yonne à M. le Garde des sceaux, à Paris.

MONSIEUR LE GARDE DES SCEAUX,

Le livre de M. Numa Gilly, *Mes Dossiers*, contient à mon égard, page 151, un imputation diffamatoire dont j'ai le devoir de demander la réparation à la justice.

J'ai l'honneur de vous prier de vouloir bien exercer contre ce député une poursuite en diffamation devant la Cour d'assises de la Gironde, et je vous demande de donner à cette plainte la suite dont elle est susceptible.

Je suis avec un profond respect, Monsieur le Ministre, votre très obéissant et dévoué serviteur.

Signé : VILLETTE,
Ancien adjoint au Maire de Bordeaux.

CHAMBRE DES DÉPUTÉS

(Quatrième législature. — Session extraordinaire de 1888.)

Résolution tendant à autoriser les poursuites contre un député.

La Chambre des députés a adopté la résolution suivante :

La Chambre autorise les poursuites qui font l'objet de la requête de M. le Procureur Général près la Cour d'appel de Bordeaux, en date du 26 novembre 1888, contre M. Numa Gilly, député du Gard.

Délibéré en séance publique, à Paris, le 30 novembre 1888.

Le Président,

Signé : J. MÉLINE.

Les Secrétaires,

Signé : Le Cour, Horteur, Jules Carret.

CHAMBRE DES DÉPUTÉS

(Quatrième législature. — Session extraordinaire de 1888.)

Résolution tendant à autoriser des poursuites contre un député.

La Chambre des députés a adopté la résolution suivante :

La Chambre autorise les poursuites qui font l'objet de la requête de M. le Procureur Général près la Cour d'appel de Bordeaux, en date du 2 décembre 1888, contre Numa Gilly, député du Gard.

Délibéré en séance publique, à Paris, le 4 décembre 1888.

Le Président,

J. MÉLINE.

Les Secrétaires,

Signé : Jules Carret, Horteur, Le Cour.

L'an mil huit cent quatre-vingt-huit, nous, Maroix (Pierre), commissaire de police de la ville de Bordeaux, officier de police judiciaire, auxiliaire de M. le Procureur de la République,

Certifions que :

Conformément aux instructions de M. le Commissaire central, nous avons regardé ce soir, à sept heures, la vitrine de M. Lacoste (Marcelin), libraire, place de la Comédie, et que nous y avons vu exposé en vente, parmi d'autres livres, sept ouvrages ayant pour titre : NUMA GILLY, *Mes Dossiers, avec une préface d'Auguste Chirac, et une introduction d'Élie Peyron, avocat au barreau de Nimes. Paris, Nouvelle Librairie parisienne.* Au-dessous, une bande collée sur laquelle on lit : 3, place de la Comédie, Librairie Nouvelle, Bordeaux ;

Le sous-inspecteur de police Cousseau et l'agent Collivard, qui se trouvaient avec nous, les ont aussi remarqués.

De tout quoi, nous avons dressé le présent.

Le Commissaire de police,

Signé : MAROIX.

Paris, le 5 décembre 1888.

MONSIEUR LE PROCUREUR GÉNÉRAL,

Pour faire suite à la plainte que j'ai adressée à M. le Garde des sceaux, le 26 novembre dernier, contre M. Numa Gilly, député, j'ai l'honneur de vous faire connaître que je porte également plainte contre M. Savine, demeurant à Paris, 18, rue Drouot, éditeur du livre intitulé : *Mes Dossiers,* qui a été mis en vente à Bordeaux et qui contient des diffamations dirigées contre moi par M. Numa Gilly.

Veuillez agréer, Monsieur le Procureur Général, l'expression de mes sentiments respectueux.

Signé : D. RAYNAL, *député de la Gironde.*

Auxerre, le 6 décembre 1888.

Le Trésorier-Payeur général de l'Yonne à Monsieur le Procureur Général près la Cour d'assises de Bordeaux.

MONSIEUR LE PROCUREUR GÉNÉRAL,

Pour faire suite à la plainte que j'ai adressée à M. le Garde des sceaux contre M. Numa Gilly, député, j'ai l'honneur de vous faire connaître que je porte également plainte contre M. Savine, demeurant à Paris, 18, rue Drouot, éditeur du livre intitulé : *Mes Dossiers,* qui a été mis en vente à Bordeaux, et qui contient des imputations diffamatoires dirigées contre moi par M. Gilly.

Veuillez agréer, Monsieur le Procureur Général, l'assurance de ma haute considération.

Signé : VILLETTE.

L'an mil huit cent quatre-vingt-huit et le huit du mois de décembre,

Devant nous, A. Roujol, juge d'instruction près le Tribunal de première instance de Bordeaux, en notre cabinet, au Palais de Justice, à Bordeaux; assisté de J. Vignes, commis-greffier assermenté, procédant à l'information requise contre Numa Gilly et Savine, a comparu le témoin ci-après, auquel nous avons donné connaissance des faits sur lesquels il est appelé à déposer.

Ce témoin, appelé hors la présence des prévenus, après avoir représenté l'invitation à lui donnée, a prêté serment de dire toute la vérité, rien que la vérité, et enquis par nous de ses nom, prénoms, âge, domicile, s'il est domestique, parent ou allié des parties, a dit s'appeler Raynal (David), âgé de quarante-sept ans, député de la Gironde, demeurant à Paris, 1, place Pereyre, non parent, allié ni domestique des inculpés Numa Gilly et Savine.

Dépose : J'ai été désigné et diffamé clairement dans plusieurs passages du volume édité à Paris par le sieur Albert Savine, éditeur, rue Drouot, 18, intitulé : NUMA GILLY, *Mes Dossiers*. Je confirme la plainte que j'ai portée contre MM. Numa Gilly et Savine, et je la précise.

Primo : On lit à la page 149 de ce volume un passage relatif à la concession et au monopole du Gaz de la ville de Bordeaux; il y est dit que j'ai abusé de ma situation de député ou de conseiller général pour faire contracter à la municipalité de Bordeaux un traité désavantageux pour la Ville et avantageux pour moi.

Secundo : A la page 151, on m'impute d'avoir abusé de mon influence pour solliciter et obtenir la fourniture des pavés céramiques de Bordeaux, à des conditions onéreuses pour la Ville et ruineuses pour les industries locales.

Tertio : A la page 154, il est allégué que, dans une réunion tenue à Paris, un député républicain de l'Aisne, aujourd'hui décédé, aurait fait la déclaration suivante :

« Vous avez raison de vous plaindre de ces néfastes Conventions dans lesquelles on a sacrifié les intérêts du commerce au profit des financiers. Il est déplorable qu'un ministre français se soit fait le champion de ces financiers; et malheureusement. ·. . . . . cette condescendance a été due à l'oubli de quelques liasses de billets de banque sur le manteau de la cheminée du ministre. »

Quarto : Enfin, à la page 155, rapportant la prétendue conversation de M. Roselli-Mollet, décédé depuis plusieurs années, on lui fait tenir ces propos :

« Je voudrais qu'on fasse *(sic)* une enquête sur les fortunes subites de certains d'entre ceux que j'ai connus ayant à peine de quoi vivre avant d'être députés, et qui, aujourd'hui, dépensent au moins deux cent mille francs par an.

» Et il nous citait, entre autres, les Constans, les Raynal, les Rouvier, les Étienne, etc. »

Dans ces quatre paragraphes, je suis diffamé, soit en ma qualité de conseiller général, soit comme député de la Gironde.

Je confirme la plainte que j'ai adressée contre MM. Numa Gilly et Albert Savine, et je me réserve de leur répondre à l'audience de la, Cour d'assises.

Lecture faite, persiste et signe.

Signé : D. Raynal.
Signé : Roujol.
Signé : Vignes.

L'an mil huit cent quatre-vingt-huit et le dix décembre,

Par-devant nous L. Servin, juge d'instruction au Tribunal de première instance séant à Auxerre, assisté de M. Colombani, commis-greffier, agissant en exécution d'une commission rogatoire en date du sept décembre mil huit cent quatre-vingt-huit, à nous transmise par M. le Juge d'instruction du Tribunal de première instance de Bordeaux, a comparu le témoin ci-après nommé, chez lequel nous nous sommes transporté, accompagné de M. Monnot des Angles, substitut du Procureur de la République, en raison de l'état de maladie de ce témoin, qui a déclaré ne pouvoir se rendre au Tribunal, lequel, après avoir prêté serment de dire toute la vérité, rien que la vérité, a déclaré se nommer Charles Villette, âgé de soixante-trois ans, trésorier général, demeurant à Auxerre, rue Valentin, non parent, allié ni domestique des inculpés, et a fait hors leur présence sa déposition, ainsi qu'il suit, sur les faits dont il lui a été donné connaissance.

Nous donnons lecture au témoin de la commission rogatoire en date du 7 décembre 1888, à nous adressée par M. le Juge d'instruction de Bordeaux.

Cette lecture faite, le témoin dépose ainsi qu'il suit :

Aux pages 150 et 151 du livre de M. Numa Gilly, député du Gard, intitulé *Mes Dossiers*, M. Gilly m'accuse d'avoir reçu des pots-de-vin considérables, à propos de la concession de l'éclairage au gaz de la ville de Bordeaux et de ses conséquences.

Cette imputation étant de nature à porter une grave atteinte à mon honneur et à ma réputation, je confirme la plainte que j'ai portée tant contre Numa Gilly que contre Albert Savine.

J'ai l'intention, lorsque l'affaire viendra devant la Cour d'assises de la Gironde, de faire entendre un certain nombre de témoins, notamment :

1º M. Wolff, ingénieur en chef de la ville de Bordeaux;

2° M. Lescarret, secrétaire de la Mairie de Bordeaux à l'époque où j'étais premier adjoint de la ville de Bordeaux.

Suivant ce que dira M. Numa Gilly, je ferai, s'il est nécessaire, assigner d'autres témoins. Je ne vois pas autre chose à déclarer quant à présent.

Les imputations dirigées contre moi dans le livre publié par M. Numa Gilly et Albert Savine, pages 150 et 151 du volume intitulé : *Mes Dossiers*, sont entièrement diffamatoires; aucun des faits rapportés contre moi n'est exact.

Le passage que j'incrimine commence par ces mots : « Demandez au député » Raynal ce que lui procure, » et se termine par ceux ci : « Villette y a gagné » son cautionnement pour une Recette générale qu'il occupe toujours. »

Lecture faite, persiste et signe.

Signé : VILLETTE.

Signé : SERVIN.

Signé : DES ANGLES.

Signé : COLOMBANI.

Londres, le 10 décembre 1888.

Monsieur Numa Gilly, député, hôtel de France, cité Bergère, Paris (France).

MON CHER DÉPUTÉ,

En apprenant, par les journaux, l'inqualifiable mesure dont vous venez d'être frappé par l'odieux Grimanelli, je me suis empressé de vous exprimer toute l'indignation que m'inspirait cet abus de pouvoir dans une lettre qui n'a été sans doute délivrée à Nîmes qu'après votre départ de cette ville, mais que M. Peyron, je me plais à le penser, vous aura fait parvenir.

Je vous réitère aujourd'hui les sentiments que je vous ai manifestés dans ladite lettre, en y joignant mes vœux les plus ardents pour le succès de la campagne que vous avez si courageusement entreprise contre les tripoteurs qui déshonorent la République.

Je regrette profondément les tracas que vont vous causer les divers procès que vous ont intentés les véreux que le livre *Mes Dossiers* a cloués au pilori, ainsi que la persistante persécution dont vous êtes l'objet de la part des opportuno-floquettistes; mais j'ai l'espoir et la conviction que vous sortirez absolument indemne de toutes ces dures épreuves, et que, dans tous les cas, vous aurez pour vous tous les honnêtes gens.

Seul, peut-être, le procès intenté par la fameuse Mᵐᵉ Allemand pourra vous faire infliger une condamnation quelconque par le Tribunal correctionnel, devant lequel la preuve n'est point admise.

Mais aussi, pourquoi M. Chirac a-t-il publié la note n° 2, qui ne lui avait été remise qu'à titre de document curieux, quand il avait entre les mains d'autres pièces bien plus importantes? J'envoie à ce sujet à M. Savine une note que je le prie de vous communiquer.

Il ne s'agira pour vous et votre éditeur que de démontrer que Mme Allemand ne mérite ni dommages-intérêts, ni considération, et qu'elle ne peut pas avoir été diffamée en raison de sa vie passée.

J'ai terminé l'histoire d'une décoration dans laquelle, sans me livrer à aucune diffamation, sans émettre aucune calomnie, je cloue au pilori, à mon tour, les sieurs Constans, Fallières, et spécialement le gredin Granet. Ce dernier payera ainsi pour M. Grimanelli. J'écris à M. Savine de faire prendre le manuscrit.

Je reste, Monsieur le Député, votre bien dévoué et très sincère admirateur.

Signé : D'ALAVÈNE.

M. Savine ne m'a encore fait remettre que 750 francs sur mes droits d'auteur. Je lui écris aujourd'hui pour le prier de vouloir bien me les compléter par le retour du courrier, attendu que mes besoins actuels et ceux de ma famille sont aussi impérieux que pressants.

Je vous serai très obligé, Monsieur le Député, si vous daignez prendre la peine d'intervenir à ce sujet en ma faveur auprès de votre aimable éditeur.

DÉPOSITIONS

———

L'an mil huit cent quatre-vingt-huit et le seize décembre,

Par-devant nous, Marius Berniès, juge d'instruction de l'arrondissement de Nîmes, assisté du commis-greffier, soussigné ;

Procédant en vertu d'une commission rogatoire de notre collègue de Bordeaux, a comparu Élie-Scipion Peyron, âgé de trente ans, avocat, demeurant à Nîmes, témoin cité par exploit de Mourgue, huissier, en date du 14 décembre, lequel nous a représenté la copie et a juré de dire toute la vérité, et n'être point parent, allié, serviteur ni domestique du prévenu.

Je ne puis répondre, pour le moment du moins, aux questions posées dans la commission rogatoire de M. le Juge d'instruction de Bordeaux; je crois être lié par le secret professionnel, puisque ce que je pourrais dire concernant M. Numa Gilly ne m'a été révélé par ce dernier que comme étant son avocat.

Mon intention est d'en référer au Conseil de l'ordre et j'agirai suivant la décision qui sera prise.

Lecture faite, a persisté et a signé.

Signé : Élie PEYRON.

Signé : BERNIÈS.

Signé : CEPUT.

Suivant notre procès-verbal en date du dix-huit décembre mil huit cent-quatre-vingt-huit, est comparu Auméras (André), avocat à Nîmes, y demeurant, rue Richelieu, vingt-six, se trouvant de passage à Paris, où il loge cité Bergère, hôtel de France, devant repartir demain pour Nîmes.

Dépose : Je me présente seul. M. Martin qui se proposait de m'accompagner à votre cabinet, selon votre invitation, est souffrant ce matin; il m'a chargé de vous exprimer ses excuses.

Il doit rester quelques jours à Paris, où il demeure cité Bergère (Hôtel de France); il pourrait se tenir à votre disposition demain.

D. — M. Gilly a exposé que le dix-huit novembre dernier, dans la matinée, à Nîmes, vous étiez présent lorsque M. Chirac lui dit que le livre projeté entre eux était presque entièrement imprimé et qu'il contenait des documents compromettants pour M. Andrieux.

Il désire que vous déposiez sur l'attitude qu'il eut en entendant les déclarations que lui faisait M. Chirac et que vous rapportiez les propos qu'il échangea alors à ce sujet avec M. Chirac.

R. — Les souvenirs de M. Gilly l'ont imparfaitement servi. Je n'ai pas entendu la conversation qu'il eut avec M. Chirac à ce sujet. J'entendis seulement quelques mots indiquant qu'une discussion avait lieu entre ces deux Messieurs et d'autres personnes à propos du livre en question et des attaques qu'il devait renfermer, paraît-il, contre M. Andrieux. Mais je ne saurais rapporter d'une manière précise ce qui fut dit.

Ceci se passait au café de la Comédie vers onze heures du matin. Il y avait là MM. Gilly, Chirac, Antide Boyer, Émile Martin, Allemand, Peyron, d'autres personnes encore.

Je me trouvais assez éloigné de ces Messieurs, j'écrivais sur le bout de la table un article de journal; de temps à autre, quelques paroles m'arrivaient; c'est ainsi que je pus constater qu'on causait du livre en question et qu'il me parut hors de doute que M. Gilly se plaignait à propos de ce livre; mais encore une fois, je ne puis témoigner d'autre chose.

Je n'entendis pas M. Chirac donner à M. Gilly les renseignements contre lesquels celui-ci aurait alors protesté.

D. — M. Gilly a exposé en outre que, plus tard, dans cette même journée du 18 novembre, une lettre confirmative d'un télégramme expédié à M. Savine avait été écrite au même Savine par MM. Chirac et Peyron, à la suite des observations présentées à ces Messieurs par lui Gilly. Il demande que vous rapportiez les propos qu'il tint à ces deux Messieurs lorsqu'il leur demandait de confirmer, par une lettre détaillée, à M. Savine, le télégramme en question.

R. — Ici encore la mémoire de M. Gilly l'a mal servi. J'ai bien su que M. Gilly avait désiré que MM. Chirac et Peyron confirmassent par lettre le télégramme en question, mais je n'étais pas présent au moment où M. Gilly aurait insisté auprès de ces deux Messieurs pour qu'ils écrivissent la lettre.

. . . .

Après avoir répondu à vos deux questions, je désire fournir des explications détaillées sur les divers incidents de cette journée du 18 novembre qui sont à ma connaissance et qui se rapportent d'ailleurs à vos deux questions.

Je vous ai exposé que je m'étais trouvé au café avec MM. Gilly, Chirac, Peyron et autres, et que là j'avais perçu certaines bribes de conversation,

2

demontrant qu'un dissentiment s'était produit entre ces Messieurs Gilly et les personnes qui s'occupaient de la publication du livre en question. Puis toute notre société sortit du café, et je rentrai chez moi; les autres personnes allèrent déjeuner à l'hôtel du Gard, m'y donnant rendez-vous pour trois heures après-midi. — Or, en y arrivant à l'heure fixée, je pus constater immédiatement que M. Gilly avait l'air très préoccupé; je préciserai même qu'il avait les larmes aux yeux. M. Émile Martin, lui aussi, semblait préoccupé.

Ces deux Messieurs se tenaient assis l'un près de l'autre, à un bout de la table à manger; ils avaient l'air de faire bande à part. Les autres convives causaient de leur côté entre eux.

Cependant, on se leva pour faire une promenade en ville et je pris le bras de M. Gilly pour lui demander le motif de sa préoccupation.

Voici quelle fut à peu près textuellement sa réponse :

Il s'agit d'un ouvrage qui est sur le point de paraître ; je n'en connais pas la teneur; je n'ai ni lu ni vu le manuscrit de ce livre, les épreuves ne m'ont pas été soumises.

Aujourd'hui, on me prévient qu'il contient des attaques contre M. Andrieux. Mon intention avait bien été de faire paraître un livre qui contiendrait les accusations formulées par moi à Alais, surtout si, comme cela a eu lieu, on devait m'empêcher, à la Cour d'assises de Nîmes, de parler. Mais je ne puis actuellement assumer la responsabilité de ce livre, car je ne le connais pas ; aussi, dès ce matin, j'ai fait adresser par M. Martin à l'éditeur du livre un télégramme dans lequel je demandais qu'on suspendît la publication.

Je me rappelais alors avoir, le matin même, rencontré M. Martin aux abords du télégraphe.

M. Gilly ajouta: « Je persisterai dans ma résolution. Il y a, paraît-il, dans le livre, des attaques contre M. Andrieux, dont l'attitude a été très belle dans mon procès ; il serait indigne de ma part d'avoir l'air de souscrire à ces attaques et je ne veux pas jouer le rôle de pantin. »

A ce moment, MM. Chirac, Peyron et autres nous rejoignirent; nous allâmes de compagnie jusqu'au carrefour de la fontaine et j'entendis qu'on discutait assez vivement au sujet du livre projeté. Je ne puis me rappeler si M. Gilly prit part à cette discussion, mais je me souviens bien que son attitude était celle d'un homme atterré.

Au carrefour, le groupe se sépara en deux; MM. Peyron, Chirac, Allemand, Gilly et autres furent d'un côté; j'allai d'un autre avec M. Antide Boyer et divers journalistes; on devait se retrouver à la Tour Magne.

Lors de la rencontre des deux groupes à la Tour-Magne, je constatai que MM. Chirac et Peyron n'étaient plus avec leurs compagnons. Plus tard, la semaine suivante peut-être, leur disparition me fut expliquée de la manière suivante :

Ces Messieurs étaient, disait-on, partis pour rédiger d'un commun accord une sorte de note rectificative, surtout en ce qui concernait M. Andrieux, destinée à être imprimée en tête du volume projeté et qui s'y trouve en effet tout au commencement de la première page, au-dessous du titre : « Le Procès ». Je ne puis me rappeler de qui je tiens ces renseignements, mais ils me viennent à coup sûr de plusieurs des personnes qui s'étaient trouvées en promenade, le 18 novembre, avec MM. Peyron et Chirac, quand ceux-ci les avaient quittés. Il ne me paraît pas inutile d'ajouter qu'une huitaine de jours après, le 10 novembre, M. Gilly m'a dit, à Nîmes (je cite) : « Je suis très embêté, à propos du livre *Mes Dossiers*. Il vient, dit-on, de paraître sous mon nom. Je ne l'ai pas lu, je ne sais même pas ce qu'il contient. » Je répondis : « Mais, désavouez-le. » A quoi il répliqua : « Il y a des considérations personnelles qui me gênent pour ce désaveu, car tous ces Messieurs qui ont participé à ce livre ont été, je le crois, de très bonne foi ; mieux vaut un dangereux ennemi qu'un maladroit ami, ajoutait-il. »

Ces jours derniers, ayant revu M. Gilly à Paris, je crus devoir lui dire que le désaveu contenu dans sa lettre du 9 décembre aurait gagné à être publié plus tôt. Et il me répondit : « Je n'ai connu le livre que tout récemment, et c'est seulement depuis mon arrivée à Paris que j'ai su qu'un ex-policier nommé d'Alavène avait une part dans les droits d'auteur. Alors, je me suis empressé de formuler un désaveu public, sans tenir compte des conséquences qui pourraient en résulter pour mes amis.

» Tous ceux qui ont contribué au livre ont agi avec une grande légèreté. Mais jusques à preuve contraire, je ne mettrai pas en suspicion leur bonne foi. Quant à d'Alavène, mon nom ne peut être associé au sien. C'est une question de dignité. C'est surtout à cause de lui que j'ai désavoué le livre. »

Je réponds du sens, sinon du texte, des paroles de M. Gilly.

Lecture faite, persiste et signe.

Signé : AUMÉRAS.
Signé : LASCOUX.
Signé : CROSNIER.

Suivant notre procès-verbal, en date du 19 décembre 1888, est comparu : Martin (Émile), trente-six ans, menuisier et gérant du journal *l'Union des Travailleurs,* qui se publie à Nîmes, demeurant à Nîmes, rue Grétry, 8, en ce moment logé à Paris, cité Bergère, hôtel de France.

Dépose sur interpellation : Le 17 novembre au soir, après l'arrêt d'acquittement de M. Gilly. . . . . . .

D. — Mais, M. Gilly nous a déclaré que le procès de Nîmes, commencé le 17 novembre, s'était terminé seulement le 18.

R. — Il a fait erreur, le procès n'a duré qu'un jour et s'est terminé à la fin de la journée du 17 novembre. Donc, le 17 novembre, au soir, je me trouvais dans un cercle à Nîmes. Il y avait là MM. Chirac, Peyron, Gilly, Antide Boyer et beaucoup d'autres.

Dans la conversation, j'appris qu'un livre contenant toutes sortes de documents, notamment des pièces compromettantes pour M. Andrieux, allait incessamment paraître chez M. Savine, sous le nom de Gilly. Ces nouvelles étaient données par M. Chirac et M. Peyron notamment. Elles me surprirent fort. Je savais bien que M. Gilly avait remis des documents à M. Peyron et que celui-ci s'était chargé de les coordonner de concert avec M. Chivrac, mais je savais aussi que rien ne devait paraître sans avoir été soumis en manuscrit ou en épreuves à M. Gilly. Or, celui-ci n'avait encore rien lu ni vu, et voilà que, disait-on, le livre était déjà aux trois quarts imprimé et sur le point de paraître. Cependant l'affluence du monde était telle au cercle ce soir-là qu'il ne fut matériellement possible, ni à moi ni à M. Gilly, d'engager une discussion quelconque avec les personnes qui venaient de nous rapporter ces stupéfiantes nouvelles.

Mais le lendemain, 18 novembre, vers neuf heures du matin, Gilly vint me voir très ému, pour me consulter sur la conduite à tenir, se montrant d'ailleurs fort irrité contre MM. Peyron et Chirac, déclarant qu'à tout prix il fallait empêcher l'apparition du livre auquel on prétendait accoler son nom, et s'indignant notamment à la pensée que M. Andrieux, dont il n'avait qu'à se louer, serait attaqué dans ce livre.

Il fallait voir au plus vite M. Peyron, mais M. Gilly, craignant de ne pas pouvoir s'exprimer avec modération suffisante, me pria de le remplacer, m'enjoignant formellement de prendre les mesures que je jugerais utiles pour empêcher la publication.

J'allai trouver chez lui M. Peyron ; je lui portai les griefs de Gilly, lui rappelant que, d'après ce qu'il avait déclaré lui-même la veille au soir, la publication s'apprêtait dans des conditions contraires aux conventions. Mais M. Peyron me répondit qu'il s'agissait d'un livre tout à fait inoffensif, que M. Gilly n'avait rien à craindre, et que je pouvais le rassurer.

De suite j'allai rapporter cette déclaration à Gilly, mais celui-ci ne s'en contenta nullement; il trouvait avec raison que les déclarations de M. Peyron étaient vagues, et il faisait observer que le livre allait être publié sans qu'il l'eût connu et que ce livre était annoncé comme plus ou moins désagréable pour M. Andrieux et pour d'autres personnes encore qui, avait-on raconté la veille, n'étaient pas même connues de lui Gilly. Bref, il insistait pour que je concertasse sur-le-champ avec M. Peyron des mesures dans le but d'arrêter formellement la publication.

Je retournai donc chez Peyron, qui, cette fois, se rendant à mes raisons, consentit à rédiger un télégramme pour Savine. J'en écrivis le texte, il le recopia; ce texte était ainsi conçu, à un mot près : « Arrêtez publication du » livre jusqu'à nouvel ordre. » Comme signature, M. Peyron signa Gilly sur ma demande expresse; mais il fit alors observer que M. Chirac avait pris part à la rédaction du livre, qu'il était plus connu de Savine que Gilly, et qu'un télégramme signé du seul nom de Gilly pourrait ne pas avoir l'autorité nécessaire pour déterminer Savine à suspendre la publication. Je répondis : « Si vous croyez devoir ajouter le nom de Chirac, c'est votre affaire; moi, je suis autorisé à expédier un télégramme signé Gilly »; et là-dessus M. Peyron n'hésita pas à rajouter de sa main le nom de Chirac comme expéditeur, avec Gilly, du télégramme; après quoi j'allai de suite faire partir cette dépêche.

D. — Mais Gilly nous avait exposé que ce télégramme avait été concerté entre lui et Chirac, puis signé Chirac-Gilly, sur la demande même de Chirac.

R. — C'est une erreur : les souvenirs n'étaient pas exacts; les choses se sont passées comme je viens de le dire. . . . .

Ce même jour, je déjeunai à l'hôtel du Gard, en compagnie de MM. Chirac, Gilly, Allemand et plusieurs autres personnes; et avant le repas, ayant su par M. Peyron qu'il n'avait pas encore prévenu M. Chirac de l'envoi du télégramme, je pris à part M. Chirac et je lui racontai tout ce qui s'était passé le matin : il fit un bond et déclara que le livre devait paraître. Sur ce, MM. Peyron et Gilly intervinrent.

La conversation continua très animée de part et d'autre; et, bien que MM. Chirac et Peyron affirmassent que le livre était inoffensif, M. Gilly insista pour que l'ouvrage ne parût pas, faisant remarquer une fois encore qu'on ne lui avait rien communiqué du tout et que, dans ces conditions-là, il s'opposait absolument à la publication.

Le malheureux était épouvanté des suites possibles d'une pareille publication. Je puis même ajouter qu'il avait les larmes aux yeux.

Après cet incident, M. Peyron se retira, et nous autres nous mîmes à table. Pendant le repas, il ne fut pas dit tout haut un seul mot au sujet du livre, car il y avait là des personnes étrangères : et, devant elles, on ne pouvait pas discuter un tel sujet.

Au sortir de l'hôtel du Gard, tout le monde alla faire une promenade en commun, et M. Peyron nous rejoignit. Alors la conversation reprit sur le livre; elle avait lieu entre MM. Gilly, Peyron, Chirac et moi. (Je parle des interlocuteurs principaux.) Une fois de plus, M. Gilly se plaignit des procédés de MM. Chirac et Peyron, qui, disait-il, l'avaient trompé; et il leur demanda avec insistance d'écrire ce jour même une lettre à M. Savine, pour confirmer le télégramme du matin. Ces Messieurs ne firent pas d'objection, et ils nous quittèrent de suite, déclarant qu'ils allaient immédiatement écrire à Savine et arranger ça : il était alors à peu près quatre heures de l'après-midi, et les courriers pour Paris partent vers neuf heures du soir au plus tôt.

Nous arrivons au lundi 19 novembre; dans la matinée de ce jour-là, poussé par l'inquiétude, je me rendis chez M. Peyron, où je trouvai Chirac; je leur demandai à tous deux si la lettre convenue la veille était bien partie, ils répondirent: Oui, et tout est arrangé. Mais, leur demandai-je, avez-vous averti Gilly du départ de la lettre? A quoi ils répondirent : «Pas encore, mais nous déjeunerons ce matin même chez Gilly et nous lui raconterons tout; soyez tranquille, il n'a rien à craindre; nous avons donné l'ordre à Savine d'enlever du volume tout ce qui était diffamant. Au surplus, ajoutait Chirac, je pars ce soir même pour Paris, dès mon arrivée je verrai Savine, je vérifierai s'il a fait tout ce que nous lui avons écrit hier. »

Je laissai ces Messieurs se rendre chez Gilly; l'après-midi, je demandai à Gilly si MM. Chirac et Peyron lui avaient donné sur l'affaire du livre des explications satisfaisantes. Quelle ne fut pas ma surprise en apprenant que ces Messieurs n'avaient pas soufflé mot de cette affaire! Alors je n'en fis ni une ni deux et m'adressant à MM. Peyron et Chirac : Qu'est-ce que ça signifie à la fin? Où voulez-vous en venir? Je suis à me demander si votre but n'est pas de perdre Gilly. Chirac persista à soutenir que tout était arrangé, me traitant de porte-alarme, ajoutant que son premier soin, en arrivant à Paris, serait d'envoyer à Gilly toutes les épreuves du livre. Peyron, lui, déclara qu'il fallait absolument que le livre parût, parce que des engagements avaient été pris avec Savine au sujet de la publication, mais que le livre ne pouvait occasionner même une action en justice de paix, tant il était inoffensif; et qu'au surplus, si, par impossible, quelque réclamation survenait, il prendrait pour lui, Peyron, toute la responsabilité.

Tout ceci a été dit en présence d'un de nos amis, Bertrand, alors concierge à l'abattoir, à Nîmes.

Cependant une phrase de Peyron m'inquiétait : Il y a des engagements avec l'éditeur qui nécessitent la publication du livre, avait-il dit. Je le questionnai là-dessus, mais il ne me répondit pas, il prétendit que je m'occupais là de choses qui ne me regardaient pas.

. . . .

Le livre *Mes Dossiers* parut, aucun exemplaire n'en fut adressé à Gilly qui ne lut, je crois, ce livre qu'un certain nombre de jours après sa mise en vente à Nîmes. Moi-même je finis par me le procurer ; sa lecture m'indigna ; je n'hésitai pas à aller adresser des reproches à Peyron, car j'avais été mêlé à toute l'affaire ; je suis le gérant de l'*Union des Travailleurs*, et dans le livre on cite une lettre de moi (page LXVII à LXIX). Mes relations d'étroite amitié avec Gilly autorisaient d'ailleurs pleinement ma démarche. Mais Peyron prétendit encore que je m'exagérais les dangers de la publication. Et comme je lui disais : Comment le livre a-t-il paru après le télégramme de Gilly et la lettre que vous écrivites en commun avec Chirac à Nîmes le 18 novembre ? Il m'apprit qu'il n'y avait eu d'autre lettre à Savine, le 18 novembre, que l'espèce de préface insérée tout au début du livre au-dessous du titre « Le Procès », préface dans laquelle, pour satisfaire au vœu de Gilly, il avait, lui, Peyron, de concert avec Chirac, écrit un correctif aux passages du livre compromettants pour M. Andrieux. . . . .

. . . .

Dans ces circonstances, il ne restait plus à M. Gilly qu'à désavouer le livre ; mais ses relations jusques là si amicales avec Peyron le gênaient pour un désaveu.

Par bonté, il hésitait à faire une déclaration publique qui aurait pu démontrer la légèreté de Peyron. Et puis Gilly, absorbé à Nîmes par sa Mairie, ne pouvait pas s'occuper de l'affaire du livre, il désirait la tirer au clair à Paris. Enfin, il put aller à Paris et son désaveu fut publié, comme vous savez, dans une lettre du 9 décembre, adressée à M. Laguerre et reproduite par tous les journaux.

Lecture faite, persiste et signe.

Signé : MARTIN.
Signé : LASCOUX.
Signé : CROSNIER.

Lettre déposée par Gilly.

Paris, le 26 novembre 1886.

MONSIEUR,

Votre télégramme m'étonne; vous devriez savoir que la couverture d'un volume est la propriété absolue de l'éditeur, et que nul n'a aucun droit sur cette couverture.

J'ajouterai que la forme de votre demande est blessante. Je me refuse donc absolument à tout changement.

Recevez, Monsieur, l'assurance de mes sentiments distingués.

Signé : A. SAVINE.

Suivant notre procès-verbal en date du 21 décembre 1888, est comparu Auguste Chirac, âgé de cinquante ans, publiciste, demeurant à Paris, rue du Faubourg-Montmartre, 10.

D. — Vous étiez invité à vous présenter à notre cabinet aujourd'hui pour y être interpellé sur vos rapports avec Gilly, Savine et autres, au sujet de la publication du livre *Mes Dossiers,* mais il nous est impossible de procéder à cet acte d'instruction.

En effet, à l'instant même, le Parquet de la Seine nous communique ce télégramme, en date d'aujourd'hui, du Parquet de Montpellier, dont nous vous donnons lecture, et d'où il résulte que votre présence est indispensable demain à Montpellier et qu'il vous est enjoint de partir aujourd'hui même pour Montpellier. Nous ne pouvons, dans ces circonstances, vous retenir davantage dans notre cabinet.

R. — Je me suis levé à grand'peine pour répondre à votre convocation; je suis malade, j'aurais pu vous donner ici les explications pour lesquelles j'étais appelé, mais il me serait de toute impossibilité de monter en chemin de fer et de faire, cette nuit, le long voyage de Paris à Montpellier. J'ai le regret de vous déclarer que je ne me rendrai pas à l'invitation de votre collègue de Montpellier. Mais je reste à votre disposition cette après-midi, si vous le désirez.

Lecture faite, persiste et signe.

Signé : CHIRAC.
Signé : LASCOUX.
Signé : CROSNIER.

Suivant notre procès-verbal en date du 26 décembre 1888, est comparu Jean Lesfargue-Lagrange, publiciste, âgé de quarante-neuf ans, demeurant à Bordeaux, rue Tastet, 29, non parent, allié, ni domestique de l'inculpé,

Dépose : J'ai reçu, ce matin, une assignation à comparaître devant vous dans l'affaire Gilly.

Il doit y avoir erreur de personnes, car je ne suis pas allé à Nîmes pour le procès Gilly et je ne connais rien de cette affaire; il est probable qu'il s'agit d'un M. Lafargue, publiciste, qui a eu une affaire avec M. Lalande.

Lecture faite, a persisté et signé.

Signé : LESFARGUE.
Signé : ROUJOL.
Signé : VIGNE.

Suivant notre procès-verbal en date du 26 décembre 1888, est comparu Delboy (Pierre-Alfred), conseiller général de la Gironde, âgé de quarante-six ans, demeurant à Bordeaux, rue de Pessac, 84, non parent, allié, ni domestique des inculpés.

Dépose : J'ai été appelé comme témoin par M. Gilly devant la Cour d'assises de Nîmes; je ne connaissais pas ce député, je ne lui avais jamais écrit et ce n'est pas moi qui lui ai adressé sur M. Raynal les articles qu'il a publiés dans le livre *Mes Dossiers*.

On a pu me signaler comme témoin parce que, depuis bien des années, j'appartiens à la vie publique à Bordeaux, soit comme conseiller municipal, soit comme conseiller général. Au Conseil général en particulier, j'ai souvent attaqué les actes publics de M. Raynal. Je l'ai fait aussi bien souvent dans des réunions intimes, ou des conversations avec des collègues ou des hommes publics. J'ajoute que si j'avais donné des renseignements à M. Gilly, je les aurais fait porter sur des actes publics de M. Raynal bien autrement importants que ceux qu'on a signalés, et qui sont visés soit dans les délibérations du Conseil général, soit dans le compte rendu des discussions de la Chambre, soit même dans des documents municipaux; j'aurais établi son imprévoyance et le gaspillage des finances publiques.

J'aurais mis en garde M. Gilly contre certaines inexactitudes, et notamment contre les allégations reproduites contre MM. Villette et Fourcand, lesquelles ne s'expliquent que par une campagne de la presse menée contre eux à la veille des élections municipales, il y a une douzaine d'années. A mon sens, le correspondant de M. Gilly sur les affaires bordelaises est un homme décidé à attaquer légèrement, ou bien un ami de M. Raynal qui a voulu lui faire un pont d'or et lui préparer une réponse facile. Ainsi il parle d'une fourniture de pavés céramiques, tandis que M. Raynal ne fournit que des pavés des carrières de Quenast, en Belgique.

3

J'arrive à une seconde partie de ma déposition ; je suis bien aise de trouver l'occasion de la faire dans l'intérêt de M. Gilly. Pendant mon séjour à Nimes, le dimanche 18 novembre, dans l'après-midi, vers trois heures, je me trouvais à la Tour-Magne avec les amis de M. Gilly et je causais avec M. Deluns-Soubiran, conseiller général du Gard, que je venais de rencontrer. En quittant M. Deluns, je remarquai à quelque distance M. Gilly entouré d'un groupe de personnes, parmi lesquelles se trouvaient MM. Peyron et Chirac ; la conversation paraissait intime et assez animée. J'eus la réserve de m'approcher lentement afin de ne pas les interrompre. En m'apercevant, M. Gilly dit : « Il faut faire partir M. Delboy. » Ce qui voulait dire qu'il fallait régler mes frais de voyage, que je venais de demander à M. Peyron. Je pris congé de M. Gilly et je lui serrai la main avec une certaine émotion ; il me parut également ému et il détourna la tête ; M. Peyron et ses amis lui frappèrent sur l'épaule en disant : « Allons ! Allons ! » M. Peyron m'expliqua que M. Gilly était fort affecté des ennuis qu'il causait à sa famille, à raison de ce procès. En même temps je quittai M. Gilly, conduit par M. Peyron, qui devait me faire régler. M. Chirac nous accompagna. Ces messieurs paraissaient fort affairés. Comme je m'étonnai de les voir presser le pas, M. Peyron m'expliqua qu'ils allaient au télégraphe pour faire suspendre la publication.

Quelle publication? lui demandai-je. Celle du livre de Gilly qui paraît demain, et sur ma demande il m'expliqua qu'ils venaient d'apprendre que des attaques dirigées contre M. Andrieux se trouvaient dans le volume et que M. Gilly venait de donner l'ordre de suspendre la publication ou de retrancher ce passage : je ne peux pas préciser. M. Chirac souriait sans rien dire. Je quittai ces Messieurs quelques instants après et je suis parti de Nimes sans les revoir. Quand j'ai laissé MM. Peyron et Chirac, ils me dirent qu'ils allaient au télégraphe.

Lecture faite, a persisté et signé.

Signé : P.-A. DELBOY.
Signé : ROUJOL.
Signé : VIGNES.

Suivant procès-verbal, en date du vingt-sept décembre mil huit cent quatre-vingt huit, est comparu Pascal (Lucien), professeur de dessin au lycée de Nimes, âgé de trente-sept ans, demeurant à Nimes, non parent, allié, ni domestique des inculpés.

Dépose : J'ai été l'adjoint de M. Gilly jusqu'au moment où M. le Préfet nous a notifié la dissolution du Conseil. Mes fonctions étaient assez lourdes et ne me laissaient pas le temps de m'occuper de politique. Je n'ai donc pas suivi M. Gilly dans les divers incidents qui ont précédé le procès de Nîmes. Ce procès a eu lieu le 17 novembre; le lendemain dimanche 18, je montai à la Tour Magne, vers deux heures, avec MM. Gilly, Boyer, Théron, employé à la Mairie, Martin, Allemand, Chirac et Peyron.

Je marchais devant avec M. Théron; le bruit d'une discussion me fit retourner au moment où nous arrivions tous sur une plate-forme située au-dessous de la Tour-Magne. Nous nous approchâmes, Gilly disait : « Je ne veux pas que ça paraisse, je ne veux pas. » — « Non, disait M. Martin, il ne faut pas que ça paraisse, il faut envoyer une dépêche. » MM. Peyron et Chirac répliquèrent : « Nous en répondons; nous allons arrêter l'affaire. » Ces deux derniers descendirent avec M. Martin vers la ville. Le reste du groupe monta sur la Tour; il n'y fut plus question de cet incident.

Sur votre demande, je dois avouer que je ne sais pas s'il s'agissait d'interdire la publication du livre en entier ou de la suppression des passages relatifs à M. Andrieux; je l'ai déjà dit, je n'ai pas suivi cette affaire.

Le mercredi 21 novembre, je me trouvais avec MM. Gilly et Avias, avoué, au café Tortoni, vers six heures du soir; le livre *Mes Dossiers* avait été mis en vente à Nîmes, je le crois du moins. M⁰ Avias interpella vivement M. Gilly et lui dit : « Qu'est-ce que c'est que cela? le livre paraît! Vous aviez cependant envoyé une dépêche. Si vous persistez dans cette voie, vos amis ne pourront pas vous suivre. » Il continua un instant sur ce ton, qui contrastait avec le respect que nous avions ordinairement pour M. Gilly. Celui-ci, très ennuyé, frappa sur la table, se fit apporter du papier et de l'encre et se mit à écrire fiévreusement une lettre assez longue. « Alors, lui dit M. Avias, c'est entendu, vous écrivez à M. Peyron? » — « Oui. » Il était en effet question de Peyron entre nous. Pendant que Gilly écrivait, Avias disait : « Ce garçon a compromis votre affaire. » Je ne sais ce qu'il est advenu de cette lettre. Voyant toujours le livre en vitrine, nous avons supposé que M. Peyron était venu trouver M. Gilly et l'avait influencé. A partir de ce moment, Gilly évitait de parler de Peyron. Ses amis ne peuvent pas supposer qu'il ait écrit ni même classé les documents du volume : il ne lisait même pas les journaux. C'est un homme d'un gros bon sens, mais pas lettré.

Lecture faite, a persisté et signé :

Signé : PASCAL.
Signé : ROUJOL.
Signé : LECLERC.

Confrontation.

Après lecture, M. Peyron : En ce qui concerne le fait de la Tour-Magne, qui s'est passé le dimanche après midi, il est bien exact que M. Gilly a déclaré qu'il ne voulait pas que le volume parût tel qu'il était composé. Je m'expliquerai longuement sur ce fait et sur le contre-ordre qui a été donné le soir même par M. Chirac et par moi.

M. Pascal : Je n'ai rien à ajouter.

Lecture faite, ont persisté et signé :

Signé : Pascal.
Signé : Élie Peyron.
Signé : Roujol.
Signé : Leclerc.

Suivant notre procès-verbal en date du 27 décembre 1888, est comparu Bertrand (Pierre), sous-inspecteur des denrées, âgé de quarante-trois ans, demeurant à Nîmes, non parent, allié, ni domestique des inculpés.

Dépose : Le 18 novembre, à huit heures et demie du matin, MM. Gilly, Martin et moi nous sommes rencontrés au bureau de l'*Union des Travailleurs;* Gilly nous dit : « Je n'ai pas dormi de la nuit. En présence de l'attitude prise hier à l'audience par M. Andrieux, s'il y a quelque chose dans ce livre de compromettant, je ne voudrais à aucun prix qu'il parût. » Il ne fut pas question de passages compromettants pour telle ou telle personne. Cette phrase textuelle fut prononcée à l'occasion de M. Andrieux. Je répondis : Il n'y a pas un instant à perdre. Il faut télégraphier et arrêter la publication. Martin partagea cet avis, et, sur notre conseil, il se rendit chez M. Peyron afin d'envoyer avec lui un télégramme dans ce sens. Martin revint à dix heures et demie, il nous dit que Peyron et lui avaient lancé un télégramme ainsi conçu : « Arrêtez livre ou vente du livre jusqu'à nouvel ordre. » Ce télégramme était signé : Gilly-Chirac. Je ne sais pas pourquoi le nom de Chirac figure sur cette pièce. M. Peyron vous le dira. Dans la journée, M. Gilly est monté à la Tour-Magne avec un groupe de ses amis, je ne les ai pas accompagnés ; on m'a dit qu'il s'y était montré désespéré de voir qu'on voulait continuer la publication malgré lui. Je crois devoir dire ici que M. Gilly n'attendait pas d'argent de la vente de ce livre. Le 19 novembre, en ma présence, il fut question de payer les taxes des témoins, on était embarrassé. Gilly dit à Peyron : « Vous prétendiez avoir dix mille francs chez M. Guédan, banquier à Nîmes, je l'ai cru. » Dans ma pensée, Gilly avait compté sur cette somme pour faire face aux frais de son procès. Le même jour 19, à trois heures, au café des Fleurs, je dis à Chirac, que je voyais pour la première fois : Vous le voyez, Gilly est désolé de cette publication, empêchez-la si elle est compromettante. Chirac me répondit textuellement : « Le livre ne paraîtra que lorsque Gilly en aura reçu le numéro un et que j'en aurai pris moi-même connaissance. » Après la publication, trois ou quatre jours après peut-être, Gilly me dit : « Que veux-tu, j'ai protesté de toutes mes forces. »

Interpellé : Il m'est bien difficile de vous dire quel est l'auteur du livre. C'est obscur ; s'il faut m'expliquer, voici ce que je pense de cette publication : Chirac et Savine en ont fait une affaire d'argent. Peyron y a vu un moyen de se mettre en relief et d'arriver à la députation.

Lecture faite, a persisté et signé.

Signé : BERTRAND.
Signé : ROUJOL.
Signé : LECLERC.

Confrontation.

Après lecture, M. Peyron : J'ai deux ou trois points à rectifier dans la déposition qui précède. Le premier est ainsi conçu : « M. Gilly n'attendait pas d'argent de la publication de ce livre. » Il est bien exact que M. Gilly n'a nullement entendu faire une spéculation avec la publication de *Mes Dossiers;* il n'est pas moins exact de dire qu'il a désiré que l'argent provenant de ses droits d'auteur passât par d'autres mains que les siennes et spécialement, une fois le Comité de souscription constitué, fût envoyé à M. Allemand, conseiller municipal, trésorier de ce Comité. Mais, j'ajoute qu'une première avance avait été faite par M. Savine, à valoir sur les droits d'auteur de M. Gilly, pour acquérir certains documents nécessaires à sa défense. D'autre part, l'échange de lettres Savine-Gilly, qui est en tête du volume, contient la phrase suivante tirée d'une lettre signée Numa Gilly, et au sujet de la rédaction de laquelle je m'expliquerai dans mon interrogatoire :

« Quant aux droits d'auteur dont vous me parlez, et que je vous laisse le soin de fixer, je crois que le mieux sera de les verser à la souscription publique qui, suivant les usages démocratiques, va être ouverte pour parer aux frais extrêmeemnt onéreux du procès qui m'est intenté. »

Une autre inexactitude a été commise par M. Bertrand.

Le lundi matin, si je ne me trompe, M. Gilly me dit : « Les membres de la Commission du budget ont déclaré qu'ils se feraient taxer. Ils ont chargé un avoué de m'envoyer un commandement. C'est la première fois que cela m'arrivera dans ma vie de négociant. Je ne veux pas prendre de l'argent du commerce de mes enfants, cela les découragerait. D'autre part, il m'est dû quelques mois de mon indemnité de député, il faudrait pourtant trouver les fonds nécessaires. » Je lui répondis : « Vous savez que je ne suis pas plus riche que vous, que j'ai engagé une partie de ma fortune personnelle dans l'intérêt de notre parti. Je vais pourtant tâcher d'obtenir la somme nécessaire jusqu'à ce que le livre ait paru et que Savine ait envoyé de l'argent. C'est ce que j'ai fait ; j'ai emprunté chez M. Guédan, banquier, une somme de 2,300 francs, qui a servi à parer aux premières dépenses. J'affirme que je n'ai jamais déclaré que je trouverais 10,000 francs pour payer les frais du procès. Il m'a été possible en insistant beaucoup, et à cause de relations personnelles que j'ai avec le fils Guédan, d'obtenir un prêt à court terme de la somme de 2,300 francs, que j'ai remboursée le 15 décembre, suivant mandat que j'ai chez moi.

Enfin, M. Bertrand a déclaré que, dans toute cette affaire, je n'avais eu qu'une préoccupation d'ambition. Je dirai simplement que, suivant lettre publique parue dans l'*Union des Travailleurs* quelques jours avant le procès, j'avais prié M. Gilly de prendre un autre avocat que moi.

M. Bertrand. — Le 19 au matin ou dans l'après-midi, M. Gilly a parlé à M. Peyron devant moi de la somme de 10,000 fr. dans les termes dont je me suis servi dans ma déposition. Je l'affirme.

M. Peyron. — Je maintiens mon affirmation : je n'ai pas pu parler de 10,000 fr. Je n'avais pas ce crédit.

Lecture faite, ont persisté et signé :

> Signé : BERTRAND.
> Signé : Élie PEYRON.
> Signé : ROUJOL.
> Signé : LECLERC.

Et le même jour, dans l'après-midi, M. Bertrand nous communique, en présence de M. Peyron, une lettre du sieur d'Alavène commençant par ces mots : « L'ancien *Progrès du Midi*, dans son numéro du 13 au 14 courant », et se terminant par ceux-ci : « Seriez-vous donc son complice dans son abominable reculade ? » M. Bertrand fait observer que les premières lignes ne sont pas une copie textuelle, tandis que la lettre est exactement reproduite à partir de la phrase : « Mais si c'est l'ancien *Progrès* qui a inventé . . . . . »

M. Peyron. — Je ne m'oppose pas à ce dépôt; l'original de cette lettre est entre mes mains, et je compte m'en expliquer comme du reste.

Lecture faite, ont persisté et signé :

Signé : BERTRAND.
Signé : Élie PEYRON.
Signé : ROUJOL.
Signé : VIGNES.

Duplicata de la lettre adressée par M. d'Alavène à M. Peyron le 17 décembre 1888 :

Première partie dont je n'ai pas relevé le double :

« MONSIEUR PEYRON,

» L'ancien *Progrès du Midi*, dans son numéro du 13 au 14 courant, me qualifie de mouchard. Ne connaissant pas l'adresse de ce journal, je vous prie de vouloir communiquer à la rédaction de cette feuille et à la vôtre la protestation suivante :

« J'ai, pendant trente ans, occupé le poste de chef du secrétariat au ministère de l'intérieur et aux appointements de 24,000 fr. par an. Je n'admets pas, par conséquent, qu'on me qualifie de mouchard : vous auriez dû relever ce propos et, entre guillemets, ce dernier mot, que vous n'avez pas fait.

Deuxième partie dont j'ai pris le double :

« Mais si c'est l'ancien *Progrès* qui a inventé les sus mentionnés, je suis surpris que vous les ayez laissé reproduire sans les relever.

» En vérité, dans cette affaire Numa Gilly tout est louche et mystérieux. Mais vous pouvez compter qu'en ce qui me concerne, je ne reculerai devant rien et ne me laisserai pas démonter. Je ferai même la plus complète lumière. Ce qui est bien étrange, c'est le rôle que vous y avez joué dans cette malencontreuse affaire.

» Car, ou bien Numa Gilly a eu connaissance des lettres que vous m'avez écrites, en les signant de son nom; et alors, en niant et répudiant tout, comme il le fait, il démontre qu'il n'a ni sens moral ni conscience politique, ou bien, vous avez correspondu avec moi à son insu, et vous avez abusé de son nom, de sa signature, de son caractère de député.

» Or, vous ne sortirez pas de ce dilemme, quoique vous soyez son avocat.

» Mais moi, si l'on m'y contraint, je fournirai la clef de l'énigme. »

(Suit la signature.)

« P.-S. — Vous n'avez pas publié ma lettre à Numa Gilly. Seriez-vous donc son complice dans son abominable reculade?

» Daignez agréer, Monsieur le Juge d'Instruction, l'assurance de mes plus respectueuses salutations. »

Signé : P. BERTRAND.

Extrait du numéro de l'*Union des Travailleurs* du 28 novembre 1888.

Déclaration de M. Gilly.

C'est à mon insu et dans un intérêt que j'ignore, que l'éditeur Savine a inscrit au dos de l'ouvrage dont je lui ai confié la publication, une réclame en faveur du livre de Drumont, *La Fin d'un monde*.

Non content de faire figurer en gros caractère le titre de cet ouvrage, il y a joint une appréciation antirépublicaine d'un journal réactionnaire.

Je proteste avec indignation contre cette manœuvre. Je n'entends pas être la victime d'une spéculation inavouable, et j'exige la suppression de ce factum, que je considère comme une injure pour un homme qui a tout sacrifié aux intérêts de la République.

Signé : Numa GILLY, *député.*

Lettre de Bonnet, avoué à Nimes, à Peyron.

Nîmes, le 19 décembre 1888.

MON CHER AMI,

Je suis d'accord avec Gilly, dont je viens de recevoir une lettre m'annonçant l'envoi des fonds. Inutile donc de vous dessaisir de la somme offerte hier. Je ne vous en remercie pas moins.

Bien à vous.

Signé : BONNET.

Lettre du même, à Gilly.

Nîmes, le 13 décembre 1888.

MON CHER DÉPUTÉ,

Je vous confirme ma lettre du 10, restée sans réponse, et viens vous prier de me faire savoir, par retour du courrier, si nous sommes d'accord et si vous pourrez me rembourser avant la fin du mois la somme de 202 fr. 50 c., que j'ai avancée pour vous. Les incidents de ces jours derniers vous feront, je l'espère, trouver ma demande des plus légitimes et vous feront comprendre que je tienne à avoir de vous l'assurance que c'est bien pour vous rendre service que j'ai envoyé la dépêche en question.

J'attends votre réponse, pour pouvoir définitivement confirmer par lettre à M. Salis ma dépêche de lundi, et je tiens essentiellement à lui écrire au plus tard samedi soir.

Agréez l'assurance de mes meilleurs sentiments.

Signé : BONNET.

Reçu de M. Élie Peyron, avocat, la somme de 3,000 francs de la part de M. Savine, éditeur à Paris.

Nîmes, le 22 novembre 1888.

Pour mon père :

Signé : Joséphine GILLY.

Suivant notre procès-verbal en date du 4 janvier 1889, a comparu Benézet (François-Jacob), ancien conseiller municipal, demeurant à Nîmes, âgé de quarante-sept ans, non parent, allié ni domestique des inculpés.

Dépose: J'ai rempli les fonctions d'adjoint au maire dans la municipalité dont M. Gilly était le maire, et je dois déclarer que je n'ai jamais été en communion d'idées avec lui dans l'affaire qui nous occupe et que je n'avais que très rarement l'occasion de voir M. Gilly, car il ne paraissait qu'à de rares intervalles dans le cabinet où mes collègues et moi avions l'habitude de nous tenir. C'est vous dire que je n'ai jamais reçu aucune confidence de M. Numa Gilly au sujet de l'ouvrage qui a paru sous son nom. Il est certain que cette affaire a été le sujet de beaucoup de conversations et que je m'en suis souvent entretenu avec mes collègues ; ceux-ci m'ont exprimé, comme je le faisais moi-même, leur opinion personnelle, mais je ne me souviens nullement que l'un d'eux, soit M. Pascal, soit tout autre, m'ait rapporté quelques propos qu'il aurait tenus directement soit de M. Numa Gilly, soit des personnes compromises avec lui à l'occasion de la publication du livre *Mes Dossiers*.

Je ne puis donc en réalité vous fournir aucun renseignement utile sur cette affaire.

Lecture faite, persiste et signe.

Signé : BENEZET.
Signé : BERNIÈS.
Signé : LEPIN.

Suivant notre procès-verbal, en date du 3 janvier 1889, est comparu Joly-Joseph Claris, âgé de trente-cinq ans, ancien conseiller municipal, comptable, demeurant à Nîmes, place Bouquerie, 6, non parent, allié, ni domestique de l'inculpé.

Dépose : Je ne puis vous fournir aucun renseignement personnel sur la confection ou la publication de l'ouvrage *Mes Dossiers*. M. Numa Gilly ne m'a jamais fait aucune confidence à ce sujet, pas plus que les gens de son entourage au nombre desquels je n'ai jamais été.

Sur interpellation : Il m'est arrivé de causer assez souvent de l'ouvrage attribué à M. Numa Gilly avec M. Pascal, mon collègue au Conseil municipal qui, lui, était lié avec Numa Gilly. M. Pascal m'a dit souvent que Numa Gilly regrettait la publication du susdit ouvrage, mais c'était fait *(sic)*.

M. Pascal exprimait, je crois, en ce moment son opinion personnelle et je ne me rappelle pas qu'il m'ait rapporté quelques propos qu'il aurait tenus de M. Gilly lui-même.

Il a pu me dire que M. Gilly avait mis certaines personnes dans le pétrin *(sic)*, et qu'elles étaient plus embarrassées que lui ; mais, je le répète, je crois qu'il a exprimé plutôt son sentiment personnel qu'il ne m'a rapporté des paroles textuelles prononcées par M. Gilly.

Je ne suis même pas bien sûr que l'expression « mises dans le pétrin » ait été prononcée devant moi par M. Pascal.

Lecture faite, persiste et signe.

Signé : JOLY.

Signé : GUIBAL.

Signé : LEPIN.

Suivant notre procès-verbal en date du 3 janvier 1889 est comparu : Allemand (Antoine), âgé de quarante-huit ans, négociant à Nîmes, ancien conseiller municipal, non parent, allié ni domestique des inculpés.

Dépose : Bien que fort lié avec M. Numa Gilly qui me faisait souvent ses confidences, je n'ai eu connaissance de la publication de l'ouvrage *Mes Dossiers* qu'au lendemain du procès pour lequel M. Gilly a comparu devant la Cour d'assises de Nîmes, c'est-à-dire le dimanche 18 novembre dernier.

Ce jour-là, j'étais allé me promener avec MM. Numa Gilly, Peyron et Chirac, qui se trouvaient encore à Nîmes ; voyant M. Numa Gilly plus soucieux que d'habitude, je lui demandai de quoi il était préoccupé.

Il me répondit : « Je n'ai pas dormi de la nuit ; Peyron et Chirac veulent faire paraître un livre, j'en suis fort contrarié, et ce souci m'a tenu éveillé toute la nuit. » Je lui demandai de quel ouvrage il voulait parler. Il m'apprit alors que MM. Peyron et Chirac avaient rassemblé certains documents qu'ils avaient l'intention de faire paraître en un volume qui serait intitulé : *Mes Dossiers*. Il ajouta que cette publication le contrariait d'autant plus que ce livre devait renfermer, paraît-il, certaines imputations contre M. Andrieux, et qu'il se refusait absolument à ce qu'on parlât non seulement de ce dernier, mais de tout autre personnage politique. Il m'apprit aussi, à ce moment, que le matin même il avait lancé une dépêche à l'éditeur de cet ouvrage, M. Savine, pour lui dire qu'il s'opposait à la publication de cet ouvrage. Je demandai à M. Gilly s'il avait pris quelque engagement, s'il avait signé quelque chose. Il me répondit qu'il n'avait rien signé. MM. Peyron et Chirac intervinrent alors dans notre conversation, et le premier, s'adressant à M. Gilly, lui dit : « Vous êtes un enfant, ne vous préoccupez de rien. Je vous ai dit et je vous répète que l'affaire nous concerne (sic) et qu'il n'y a rien qui puisse vous compromettre. »

M. Chirac appuya alors M. Peyron et dit ces mots : « Nous allons faire disparaître ce qui peut vous compromettre, nous y allons de ce pas. » Sur ces mots, MM. Peyron et Chirac nous quittèrent et je restai seul avec M. Numa Gilly.

J'ajouterai encore, au sujet de cet incident, que M. Gilly était tellement contrarié qu'il ne put retenir ses larmes, et il pleura abondamment devant moi; il prévoyait les conséquences que la publication de cet ouvrage pouvait lui attirer, et insista d'autant plus vivement pour en arrêter la publication.

Le soir du même jour, je me rendis dans les bureaux du journal l'*Union des Travailleurs*, où j'avais donné rendez-vous aux personnes qui avaient déposé comme témoins dans le procès de M. Numa Gilly et qui devaient toucher leur taxe.

Les fonds n'étant pas prêts, je renvoyai ces personnes au lendemain. Le lendemain matin, j'allai trouver M. Numa Gilly chez lui et lui expliquai l'embarras dans lequel je me trouvais au sujet de ces témoins.

M. Gilly me dit : « Peyron m'a dit qu'il avait un crédit de dix mille francs ouvert, il me semble que le moment est venu qu'il se montre (sic). » Je me rendis alors chez M. Martin, gérant du journal l'*Union des Travailleurs,* et je le priai de m'accompagner chez M. Peyron. Arrivés chez ce dernier, je lui répétai devant M. Martin les paroles que m'avait dites M. Gilly; M. Peyron ne fit pas d'observation et nous pria de le suivre chez M. Guédan, banquier à Nîmes. Sur sa demande, ce banquier lui remit une somme de cinq cents francs, qu'il me remit à son tour, et avec laquelle je soldai la taxe des témoins suivants : MM. Buisson, Delboy, de Montigny et un autre.

A partir de ce moment, je ne m'occupai plus de cette affaire et je vous ai rapporté tous les incidents dans lesquels je me suis trouvé mêlé. Je n'ai pas eu l'occasion de parler avec M. Numa Gilly de l'ouvrage *Mes Dossiers,* après que la publication en a été faite; je ne saurais donc dire pourquoi il n'a pas protesté. Je pense qu'ayant foi absolue en M. Peyron, il s'en était rapporté aux paroles absolument rassurantes que ce dernier lui avait dites.

En résumé, ma conviction est : que M. Numa Gilly est resté étranger à la confection du livre *Mes Dossiers;* que c'est contre son gré que la publication de cet ouvrage a eu lieu et que la responsabilité de cette publication incombe à MM. Peyron et Chirac. Quant à M. Savine, je n'ai rien à dire à son sujet. Je tiens à ajouter un mot qui m'est personnel. On a prétendu et on a même inséré dans les journaux que j'avais reçu de l'argent de M. Savine et que j'avais été en quelque sorte le caissier de cet éditeur. C'est absolument faux; le seul argent qui me soit passé par les mains est la somme de 500 francs dont je viens de vous parler et quelques petites sommes provenant de souscriptions individuelles.

Lecture faite, persiste et signe.

Signé : ALLEMAND.
Signé : BERNÈS.
Signé : LEPIN.

Suivant notre procès-verbal en date du trois janvier mil huit cent quatre-vingt-neuf, est comparu Pouzol (Jean), âgé de trente-neuf ans, rédacteur au journal *l'Union des Travailleurs*, de Nîmes, 13, rue Turenne, non parent, allié ni domestique de l'inculpé.

Dépose : Je ne suis entré dans la rédaction du journal *l'Union des Travailleurs* que le jour même du procès de Numa Gilly devant la Cour de Nîmes, c'est-à-dire le 17 novembre dernier. Or, l'ouvrage *Mes Dossiers* ayant paru le lendemain ou le surlendemain, je n'ai connu en réalité l'existence de cet ouvrage qu'au moment où j'entrai en relations avec les personnes qui auraient pu me donner ces renseignements. En réalité, je ne sais rien de ce qui a précédé la publication de cet ouvrage; j'ai eu très rarement l'occasion de voir M. Numa Gilly depuis sa publication et je ne me souviens pas en avoir parlé avec lui. J'en ai causé cependant avec M. Élie Peyron, et ce dernier m'a dit qu'il était prêt à assumer toute la responsabilité de cet ouvrage et qu'il l'assumerait certainement lorsque le moment serait venu.

En effet, j'ai appris que M. Peyron avait assumé cette responsabilité devant M. le Juge d'instruction de Bordeaux.

Lecture faite, persiste et signe.

Signé : POUZOL.
Signé : BERNÈS.
Signé : LEPIN.

Suivant notre procès-verbal en date du deux janvier mil huit cent quatre-vingt-neuf, a comparu Laffargue (François-Gaston), âgé de trente-quatre ans, publiciste, demeurant à Bordeaux, rue Bouffard, 33, non parent, ni allié, ni domestique de l'inculpé.

Dépose : J'ai lieu de penser que ma citation devant la Cour d'assises de Nîmes est due à une erreur; je l'ai si bien appréciée ainsi que je n'y ai pas répondu, m'exposant même à une amende. Il est probable que j'y ai été appelé à cause des écrits sur les hommes publics de Bordeaux et de ma situation dans le journalisme. Je n'ai rien à dire contre M. Raynal.

Lecture faite, persiste et signe.

Signé : LAFARGUE.
Signé : ROUJOL.
Signé : VIGNES.

Suivant notre procès du quatre janvier mil huit cent quatre-vingt-neuf, a comparu Grilhé (Georges), âgé de vingt-deux ans, soldat au dix-huitième de ligne en garnison à Pau, non parent, allié, ni domestique de l'inculpé.

Dépose : J'ai été appelé devant la Cour d'assises de Nîmes et je m'y suis rendu sans savoir sur quel point j'étais appelé à déposer. C'était, paraît-il, au sujet de M. Raynal. Je ne connais ni M. Gilly, ni M. Peyron, son défenseur. Je n'ai pas eu, à Nîmes, l'occasion de causer avec eux sur les faits du procès; il est probable que j'ai été appelé par M. Gilly à la suite des articles publiés sous ma signature, dans le *Réveil Bordelais,* pendant les six mois que je l'ai dirigé. En attaquant M. Raynal, je me suis fait l'écho de ce qui m'a paru être l'opinion publique, sans être en mesure d'appuyer mes attaques sur des pièces ou documents quelconques. Il sera donc inutile de me citer de nouveau devant les assises. Je n'ai rien à dire.

Lecture faite, persiste et signe.

Signé : GRILHÉ.
Signé : ROUJOL.
Signé : VIGNES.

Suivant notre procès-verbal en date du deux janvier mil huit cent quatre-vingt-neuf, est comparu veuve Vincent (Élika-Girard), quarante-cinq ans, rentière, rue de Paris, 7, à Asnières (Seine).

Dépose, sur interpellation :

Entre le 8 et le 15 septembre dernier, j'ai lu, dans un journal de Paris, que je crois être *La France*, une note par laquelle M. Numa Gilly demandait au public de lui fournir des renseignements sur les membres de la Commission du budget..... Ce n'est peut-être pas tout à fait cela. C'était peut-être bien le rédacteur de la note qui, au nom de son journal, invitait le public à adresser ces renseignements à M. Gilly. Quoi qu'il en soit, venant justement de lire dans un numéro des *Petites affiches Parisiennes* une insertion concernant une maison achetée par M. Andrieux, député et membre de la Commission du budget, j'eus l'idée de découper cette insertion et de la transmettre à M. Gilly. Je l'insérai dans une lettre contenant seulement quelques lignes d'envoi signées de moi, et j'écrivis sur le pli : Monsieur Numa Gilly, maire et député, à Nîmes ; puis je jetai ce pli à la poste ; c'était exactement le 15 septembre.

Il faut croire que le destinataire reçut le pli et que l'extrait des *Petites Affiches* lui parut digne d'intérêt, puisque ce document figure dans le livre *Mes Dossiers*, aux pages 110-111.

Voilà tout ce que j'ai à dire là-dessus. J'ai bien écrit le 13 décembre dernier à l'éditeur Savine la lettre que vous me représentez ; le document auquel je fais allusion dans cette lettre est celui dont je viens de vous parler.

D. — D'après votre lettre du 13 décembre, vous auriez adressé au député Gilly non pas un seul document, mais des documents officiels qui, toujours selon votre lettre, auraient été insérés dans le volume en question ?

R. — Dans le livre *Mes Dossiers*, on a inséré le seul document fourni par moi ; c'est l'extrait des *Petites Affiches* dont je vous ai parlé. C'est par erreur que j'ai écrit dans ma lettre, en employant le pluriel, les mots : *documents officiels*.

D. — Connaissez-vous le député Gilly ?

R. — Non ; je ne l'ai même jamais vu.

D. — Vous a-t-il écrit ou fait écrire à propos du document que vous lui fournissiez ?

R. — Non.

D. — Connaissez-vous l'éditeur Savine ?

R. — Je ne lui ai jamais écrit qu'une seule lettre ; c'est celle qui est entre vos mains.

Récemment, quelqu'un s'est présenté de sa part chez moi pour demander si j'avais bien écrit cette lettre. A la suite de cette démarche, je suis allée, 18, rue Drouot ; j'ai vu là un monsieur, qui m'a dit être M. Savine. Je lui ai répété que je lui avais écrit la lettre en question ; j'ai ajouté que j'y avais

fait allusion à ma communication envoyée au député Gilly le 15 septembre
. . . ., et je me suis retirée.

Lecture faite, a persisté et signé.

Signé : VINCENT.
Signé : LASCOUX.
Signé : CROSNIER.

L'an mil huit cent quatre-vingt-neuf, le sept janvier,

Devant nous, Lacadé (Adolphe), juge d'instruction près le Tribunal de première instance de Mont-de-Marsan, étant en notre chambre, au Palais de Justice du dit lieu, assisté de Sauvage, commis-greffier du dit Tribunal,

Est comparu, en conséquence de l'avis à lui donné, pour déposer, à la requête de M. le Procureur de la République, le témoin ci-après nommé, à l'audition duquel nous avons procédé séparément et hors la présence de l'inculpé, de la manière suivante :

Ce témoin nous a d'abord représenté sa citation, a prêté serment de dire toute la vérité, rien que la vérité, et après que nous lui avons eu demandé ses nom, prénoms, âge, profession et demeure, s'il est domestique, parent ou allié des parties ; en cas d'affirmative, à quel degré ; et que connaissance lui a aussi par nous été donnée des faits sur lesquels il est appelé à déposer, il a répondu ce qui suit :

Je me nomme Maximilien Dupéré, cinquante-neuf ans, négociant à Morcenx, non parent, allié ni au service de M. Numa Gilly, et a déposé comme suit :

D. — Avez-vous été appelé devant la Cour d'assises de Nîmes, le 17 novembre dernier, pour déposer, dans l'affaire de M. Numa Gilly, sur des faits relatifs à M. Raynal, député de la Gironde ?

R. — Non, Monsieur ; mais voici tout ce qui s'est passé en ce qui me concerne, au sujet de MM. Gilly et Raynal :

Le 10 ou le 11 novembre dernier, j'ai reçu de M. Peyron, avocat, une lettre que j'ai dû égarer, mais dont j'ai gardé le texte, qui se trouve sur mon copie de lettres avec la copie d'une lettre adressée à M. Raynal le 12 décembre dernier.

Voici le texte de la lettre que j'ai adressée à M. Raynal le 12 décembre dernier.

Le témoin Dupéré nous communique un registre de copie de lettres sur lequel se trouve, aux n°ˢ 365 et 366, la copie d'une lettre ainsi conçue :

12 Décembre 1888.

Monsieur Raynal, député, à Paris.

Vous avez sans doute lu dans les journaux que mon nom ou celui de mon fils y figurait comme témoin pour M. Numa *Gillis*. Nous ne connaissons pas ce monsieur, ni n'avons jamais eu *le moindre rapport;* voici ce qui s'est passé.

M. *Féron,* avocat de M. *Gillis,* m'a écrit une lettre, vers le 10 novembre, ainsi conçue :

HONORÉ MONSIEUR,

On a écrit de Bayonne à M. Numa *Gillis* que vous aviez eu des relations suivies avec M. Raynal.

Nous vous prions de nous faire connaître vos griefs, etc... M. *Gillis* vous en serait très reconnaissant... Agréez, etc.

Signé : *FÉRON, avocat.*

Je me suis empressé de répondre à M. *Féron, ainsi conçu :*

En effet, j'ai eu dans le temps des relations très suivies avec M. Raynal, qui était le représentant de la Compagnie du Chemin de fer du Nord de l'Espagne, et moi j'étais à ce moment le fournisseur des traverses. J'ai la satisfaction de vous déclarer que je n'ai qu'à me louer des *bonts rapports* avec M. Raynal.

Agréer, Monsieur, etc.

Signé : M. DUPÉRÉ.

P.-S. — *Réflection* faite, au lieu d'envoyer cette lettre, je l'ai mise dans un carton.

Ai-je bien fait? Vous seul pouvez *l'aprécier...* Je vous en préviens, afin que vous en fassiez l'usage que vous voudrez; j'ajoute même que si quelques pièces de *certification,* ou un mot *d'atestation* vous est utile, je me tiens à votre disposition, et je *serez* heureux de vous débarrasser de ces perturbateurs.

Dans cette attente, je vous prie de croire à mes *bonts* sentiments.

Signé : M. DUPÉRÉ.

Ainsi que je le dis dans la lettre adressée à M. Raynal, je n'ai pas envoyé la lettre que j'avais faite en réponse à celle qui m'avait été adressée par M. Peyron, et M. Raynal n'a point répondu à la lettre dont vous venez de prendre copie.

Je n'ai jamais vu ni M. Numa Gilly, ni M. Peyron, avocat. Je ne les connais pas. M. Numa Gilly ne m'a jamais écrit.

Je connais M. Raynal; j'ai eu affaire avec lui il y a longues années, lorsqu'il était chef de service dans la Compagnie des Chemins de fer du Nord de l'Espagne. Il résidait à Bordeaux et était chargé de l'exécution des traités relatifs aux fournitures de traverses, wagons, etc. J'avais entrepris la fourniture d'une quantité considérable de traverses; je ne me souviens pas du nombre : mon traité allait arriver à sa fin. M. Raynal me fit appeler à Bordeaux; il me dit qu'il était content de mes fournitures et qu'il serait content de me voir continuer à en faire. Je lui fis observer que M. Alexandre Léon, dont le père était administrateur des Chemins de fer du Nord de l'Espagne, pourrait ne pas être satisfait de me voir soumissionner sur *ses brisées,* et que je ne voulais pas leur déplaire, ayant de bonnes relations avec eux. M. Raynal insista et m'engagea à partir pour Paris immédiatement, disant que je n'avais pas à m'inquiéter de M. Léon, qu'il ne me garderait pas rancune longtemps.

Je partis de suite pour Paris; je me rendis aux bureaux de l'administration, place Vendôme. J'y trouvai M. Léon : il soumissionna et moi aussi de mon côté. Nous nous mîmes d'accord tous les deux, et je gardai la fourniture.

Je rentrai à Bordeaux; ma première visite fut pour M. Raynal, à qui je racontai ce qui s'était passé. Il fut très contrarié de ce que je m'étais entendu avec M. Léon, pensant que j'avais dû faire un sacrifice dont j'aurais pu bénéficier. Je ne lui dis pas ce que j'avais fait avec M. Léon; mais M. Raynal me dit : « Je connais M. Léon ; je sais qu'il vous porte beaucoup d'intérêt, mais je sais qu'il ne se serait pas arrangé avec vous sans avoir un intérêt. »

Voyant que M. Raynal s'intéressait tant à moi, je supposai qu'il me demanderait un jour de l'argent; et je dois vous dire qu'à deux ou trois reprises j'ai été sur le point de lui en offrir; mais il ne m'en a jamais demandé, et je n'ai jamais osé lui en offrir; et, jusqu'à la fin de la fourniture, M. Raynal a toujours été très bien pour moi, quoique je ne lui aie jamais offert un centime.

Depuis quinze ans, je n'ai vu M. Raynal que deux fois : une fois lorsqu'il est venu inaugurer à Facture la ligne du chemin de fer économique; une autre fois à Bordeaux, rue Mautrec : nous n'avons fait que nous dire bonjour.

Je dois vous dire qu'ayant vu dans la *Petite Gironde* le nom de mon fils mêlé à l'affaire Numa Gilly, alors que j'étais persuadé qu'il n'avait rien à y voir et me trouvant outragé par l'article de ce journal, j'ai écrit à M. Delboy, membre du Conseil général, à Bordeaux, pour le consulter et lui demander

5

si je ne devais pas assigner le journal devant les tribunaux ou demander une réparation par les armes à l'auteur de l'article.

Le témoin Dupéré nous montre sur son registre-copie de lettres, n⁰ˢ 339 et 340, la copie de la lettre écrite par lui à M. Delboy le 18 novembre 1888.

Lecture faite, le témoin a signé avec nous et le greffier.

Signé : **M.** Dupéré.

Signé : Lacadé.

Signé : Sauvage.

L'an mil huit cent quatre-vingt-neuf, le huit janvier,

Devant nous, Lascoux, juge d'instruction au Tribunal de la Seine, en notre cabinet, au Palais de Justice, à Paris, assisté de Crosnier, commis-greffier assermenté,

Est comparu le témoin ci-après nommé, auquel nous avons donné connaissance des faits sur lesquels il est appelé à déposer.

Appelé hors la présence de l'inculpé, après avoir représenté sa lettre de convocation, prêté serment de dire toute la vérité, rien que la vérité et enquis par nous de ses nom, prénoms, âge, profession et demeure, s'il est domestique, parent ou allié des parties et à quel degré, le témoin nous a répondu et a fait sa déposition ainsi qu'il suit :

Girard (Henri-Frédéric), vingt-quatre ans, rédacteur au journal *la France,* demeurant rue d'Orléans, 1, à Neuilly-sur-Seine, dépose :

D. — Le sieur Peyron, avocat à Nîmes, inculpé dans l'instruction qui se suit à Bordeaux à propos du livre *Mes Dossiers,* a demandé à notre collègue de Bordeaux que vous fussiez entendu afin que vous disiez ce qui est à votre connaissance au sujet d'une lettre écrite par M. Rouvier à Mᵐᵉ Rouvier. C'est pour cela que vous été appelé devant nous en témoignage.

R. — Je connais à peine l'avocat Peyron, je l'ai vu seulement à Nîmes en novembre dernier, lors du procès Gilly ; j'avais été envoyé à Nîmes par mon journal. Je me rappelle bien que dans une conversation toute privée avec M. Peyron, j'eus occasion de lui parler d'une lettre qui aurait été écrite en 1883, aussitôt après les Conventions, par M. Rouvier à sa femme (maintenant décédée). J'ai rapporté au sujet de cette lettre des bruits dont je n'ai jamais contrôlé l'exactitude et qui ont couru dans la salle des Pas-Perdus de la Chambre des députés. Mais je désire n'en pas dire davantage dans la présente déposition, car, encore une fois, je ne sais pas du tout si la lettre en question a été réellement écrite ; je ne l'ai jamais vue et je ne veux pas colporter une nouvelle dont je ne saurais me porter garant.

Passant à un autre ordre d'idées, le témoin a donné les renseignements suivants :

Rentré de Nîmes à Paris le 19 novembre, je lus à la *France* un télégramme de Nîmes envoyé par notre collaborateur, M. Brissac, où il était dit :

« Je tiens de bonne source que le livre *Mes Dossiers* ne paraîtra pas. » (Je donne le sens et non le texte). Ceci me surprit beaucoup, car à Nîmes, après l'audience du 17 novembre, M. Chirac, me rencontrant au bureau du télégraphe, m'avait déclaré que le livre allait paraître et qu'il envoyait une dépêche en ce sens à l'éditeur Savine. Ausssi, après avoir lu le télégramme de M. Brissac, m'empressai-je d'aller trouver M. Savine pour lui demander si réellement le livre si annoncé ne paraîtrait pas ; à quoi M. Savine répondit : j'avais effectivement reçu une dépêche (je ne me rappelle pas si M. Savine précisa de qui était cette dépêche) pour m'enjoindre de suspendre la publication, mais le texte ajoutait : lettre suit ; or, la lettre m'est arrivée depuis avec de nouveaux documents destinés à paraître dans le volume et alors je suis couvert et je publie.

Je désire ajouter qu'à Nîmes M. Peyron me parla du livre (c'était le 17 novembre, pendant que le jury délibérait) en me disant : il paraîtra quand même.

Quant à M. Gilly, je n'eus pas occasion de lui en parler.

Lecture faite, persiste et signe.

Signé : H. GIRARD.

Signé : LASCOUX.

Signé : CROSNIER.

L'an mil huit cent quatre-vingt-neuf, le huit janvier,

Devant nous, Lascoux, juge d'instruction au Tribunal de première instance du département de la Seine, en notre cabinet du Palais de Justice, à Paris, assisté de Crosnier, commis-greffier assermenté,

Est comparu le témoin ci-après nommé, auquel nous avons donné connaissance des faits sur lesquels il est appelé à déposer.

Appelé hors la présence de l'inculpé, après avoir représenté sa lettre de convocation, prêté serment de dire toute la vérité, rien que la vérité, et enquis par nous de ses nom, prénoms, âge, profession et demeure, s'il n'est domestique, parent ou allié des parties et à quel degré, le témoin nous a répondu et a fait sa déclaration ainsi qu'il suit :

Drumont (Édouard-Adolphe), quarante-quatre ans, publiciste, 157, rue de l'Université, Paris.

D. — Le sieur Peyron, avocat à Nîmes, inculpé dans l'instruction qui se suit à Bordeaux à propos du livre *Mes Dossiers,* a demandé à notre collègue de Bordeaux que vous fussiez entendu, afin de dire ce qui est à votre connaissance sur les Conventions et autres faits relatifs à M. Raynal. C'est pour cela que nous vous avons appelé en témoignage.

R. — Je ne crois pas que le moment soit venu encore de répondre à des questions aussi complexes, mais je me tiens à la disposition de la justice pour fournir devant la Cour d'assises les explications qui me seront demandées.

Lecture faite, persiste et signe.

Signé : E. DRUMONT.

Signé : LASCOUX.

Signé : CROSNIER.

L'an mil huit cent quatre-vingt-neuf, le quatorze janvier,

Devant nous, Lascoux, juge d'instruction au Tribunal de première instance du département de la Seine, en notre cabinet, au Palais de Justice, à Paris, assisté de Crosnier, commis-greffier assermenté,

Est comparu le témoin ci-après nommé, auquel nous avons donné connaissance des faits sur lesquels il est appelé à déposer.

Appelé hors la présence de l'inculpé, après avoir représenté la citation à lui donnée, a prêté serment de dire toute la vérité, rien que la vérité, et enquis par nous de ses nom, prénoms, âge, profession et demeure, s'il n'est ni parent, ni allié, ni domestique des parties et à quel degré, le témoin nous a répondu et fait sa déposition ainsi qu'il suit :

Drumont, déjà entendu le 8 courant.

D. — Nous craignons de ne pas vous avoir posé avec une suffisante netteté le 8 courant les questions que nous avions mission de vous adresser.

Il ne s'agit pas de vous demander d'une manière générale de dire ce qui est à votre connaissance sur les Conventions et autres faits relatifs à M. Raynal. Il s'agit de vous demander ce qui est à votre connaissance au sujet de faits spéciaux visés comme diffamatoires dans la plainte de MM. Raynal et Villette, et signalés d'une manière très précise dans *Mes Dossiers,* aux pages dont nous vous donnons lecture à l'instant, savoir :

Primo : Deux extraits de lettres relatives à l'éclairage au gaz de Bordeaux (pages 149-151).

Secundo : Un extrait de lettre relative au pavage de Bordeaux (pages 151-153).

Tertio : Un extrait d'une lettre relative aux Conventions (page 154).

Quarto : Extrait d'une lettre (pages 154-155).

Le sieur Peyron demande que vous disiez ce qui peut être à votre connaissance au sujet de ces quatre points.

R. — Aux questions posées comme elles viennent de l'être aujourd'hui, je n'ai pas à faire une autre réponse en ce moment que celle qui a été signée par moi le 8 courant.

Lecture faite, persiste et signe.

Signé : Drumont.

Signé : Lascoux.

Signé : Crosnier.

L'an mil huit cent quatre-vingt-neuf, le neuf janvier,

Devant nous, Lascoux, juge d'instruction au Tribunal de première instance du département de la Seine, en notre cabinet, au Palais de Justice, à Paris, assisté de Crosnier, commis-greffier assermenté,

Est comparu le témoin ci-après nommé, auquel nous avons donné connaissance des faits sur lesquels il est appelé à déposer.

Appelé hors la présence de l'inculpé, après avoir représenté la citation à lui donnée, prêté serment de dire toute la vérité, enquis par nous de ses nom, prénoms, âge, profession, demeure, s'il est domestique, parent ou allié des parties et à quel degré, le témoin nous a répondu et fait sa déposition ainsi qu'il suit :

Ferrier (Émile), trente-cinq ans, journaliste (directeur du journal *la Voie ferrée*), demeurant à Paris, rue de La Boëtie, 39.

Dépose : *D.* — Le sieur Peyron, avocat à Nîmes, inculpé dans l'instruction ouverte à Bordeaux à propos du livre *Mes Dossiers,* a demandé que vous fussiez entendu, afin de dire ce qui est à votre connaissance sur les Conventions en ce qui peut concerner M. Raynal.

C'est pour cela que nous vous avons appelé en témoignage.

R. — Je ne connais pas du tout M. Peyron. Il est certain que j'ai beaucoup étudié la question des Conventions passées en 1883 entre l'État et les grandes Compagnies de chemins de fer par l'intermédiaire de M. Raynal, alors ministre des travaux publics. J'estime que ces Conventions sont désastreuses pour l'État. Si je devais m'expliquer complètement sur elles, il me faudrait bien du temps, je veux dire plusieurs journées. Je regrette

que M. Peyron me fasse poser une question aussi vaste, aussi complexe; il
me met dans l'impossibilité d'y répondre
Lecture faite, persiste et signe.

Signé : FERRIER.

Signé : LASCOUX.

Signé : CROSNIER

L'an mil huit cent quatre-vingt-neuf, le quatorze janvier,
Devant nous, Lascoux, juge d'instruction au Tribunal de première instance du département de la Seine, assisté de Crosnier, commis-greffier
assermenté, est comparu Ferrier, déjà interrogé le 9 courant.

D. — Nous craignons de ne pas vous avoir posé le 8 courant, avec une
netteté suffisante, les questions que nous avions mission de vous adresser.

Il ne s'agit pas de vous demander d'une manière générale ce qui est à
votre connaissance au sujet des Conventions en ce qui peut concerner
M. Raynal; il s'agit de vous demander ce que vous pouvez savoir au sujet
d'une articulation se rapportant aux Conventions visée comme diffamatoire
dans la plainte de M. Raynal et qu'on trouve imprimée à la page 154 de
Mes Dossiers. Votre déposition n'est demandée que sur ce point bien
précisé.

R. — Après avoir pris connaissance de la page 154 de *Mes Dossiers,* je
réponds que je suis absolument de l'avis de l'auteur de la lettre qui s'y
trouve, lorsqu'il affirme que les Conventions sont néfastes, qu'elles ont
sacrifié l'intérêt du commerce au profit des financiers et qu'il est déplorable
qu'un ministre français se soit fait le champion de ces financiers. Mais
j'ajoute que je ne sais rien qui soit relatif à l'oubli d'une liasse de billets de
banque sur la cheminée de M. Raynal. Je ne suis point étonné que de
pareilles allégations trouvent immédiatement un très grand crédit parmi
ceux qui les écoutent ou qui les lisent.

M. Raynal s'est fait depuis de longues années une spécialité de la question
des chemins de fer; on peut dire que c'est grâce aux discours qu'il a pro-
noncés contre les grandes Compagnies et les financiers qu'il a été nommé
successivement conseiller général, puis député de la Gironde. Du jour où
M. Raynal est devenu ministre, il a fait au point de vue des chemins de fer
le contraire de ce qu'il préconisait lorsqu'il n'était que candidat.

Comme conseiller général, il déclamait contre les ploutocrates qui s'oppo-
saient à l'avènement de la démocratie et ne vivaient que pour enfler leur
portefeuille au détriment des travailleurs. Il voulait mettre un frein au

torrent des dividendes. Mais du jour où la situation au pouvoir l'a mis à
même de réaliser ces déclamations, il a au contraire augmenté et conso-
lidé les dividendes et rendu plus puissants les financiers desquels il se
plaignait.

En présence d'un semblable changement de front, on conçoit que M. Raynal
soit accusé de vénalité. Je ne sais si ces accusations sont vraies, mais à mon
humble avis, pour M. Raynal, elles sont pires que vraies, car elles sont
vraisemblables.

On comprendra cependant que la preuve en soit difficile à administrer. Je
déclare que je ne saurais m'en charger. Si M. Raynal a fait ce qu'on lui
reproche, il est évident qu'il l'a fait ni devant un notaire ni devant un
témoin : c'est tout ce que je puis dire de M. Raynal.

Lecture faite, persiste et signe.

Signé : FERRIER.
Signé : LASCOUX.
Signé : CROSNIER.

L'an mil huit cent quatre-vingt-neuf, le dix janvier,

Devant nous, Lascoux, juge d'instruction au Tribunal de première instance
du département de la Seine, en notre cabinet, au Palais de Justice, assisté
de Jules Maudon, faisant fonction de commis-greffier, assermenté par nous,

Est comparu le témoin ci-après nommé, auquel nous avons donné connaissance des faits sur lesquels il est appelé à déposer.

Appelé hors la présence de l'inculpé, après nous avoir représenté sa lettre
de convocation, prêté serment de dire toute la vérité, rien que la vérité, et
enquis par nous de ses nom, prénoms, âge, profession, demeure, s'il est
domestique, parent ou allié des parties et à quel degré, le témoin nous
a répondu et a fait sa déposition ainsi qu'il suit :

Achard (Antoine-Philippe-Adrien), soixante-quatorze ans, député, à Paris,
rue de Chabrol, n° 40.

D. — Le sieur Peyron, avocat à Nîmes, inculpé dans l'instruction ouverte
à Bordeaux à propos du livre *Mes Dossiers,* a demandé que vous fussiez
entendu afin de dire ce qui est à votre connaissance sur les Conventions,
le transport en charbons anglais par la maison Astruc et Raynal et autres
faits relatifs à M. Raynal. C'est pour cela que nous vous avons appelé en
témoignage.

R. — Sur les Conventions, j'ai indiqué ma manière de voir dans les
débats parlementaires de l'*Époque* (1883), je n'ai rien de plus à dire.

Sur les transports des charbons anglais par la maison Astruc et Raynal et sur les allégations contenues à ce sujet sur M. Raynal dans *Mes Dossiers,* je ne sais rien de plus que ce que raconte ce livre ; j'avais entendu à Bordeaux parler de tout cela, mais je ne possède aucunement la preuve de l'exactitude des allégations relatées dans le livre, soit contre M. Raynal, soit contre M. Villette.

J'en dirai autant pour ce qui concerne les allégations relatives aux pavés céramiques de Bordeaux et pour tout ce qui concerne les autres passages du livre qui ont motivé la plainte de M. Raynal.

J'ajoute que je ne connais nullement M. Peyron et que je ne comprends pas très bien pourquoi il a réclamé mon témoignage.

Lecture faite, a signé :

> Signé : Achard.
> Signé : Lascoux.
> Signé : Maudon.

L'an mil huit cent quatre-vingt-neuf, et le dix janvier,

Devant nous, Lascoux, juge d'instruction au Tribunal de première instance du département de la Seine, en notre cabinet, au Palais de Justice, à Paris, assisté de Jules Maudon, faisant fonction de commis-greffier assermenté par nous,

Est comparu le témoin ci-après désigné, auquel nous avons donné connaissance des faits sur lesquels il est appelé à déposer.

Appelé hors la présence de l'inculpé, après avoir représenté la citation à lui donnée, prêté serment de dire toute la vérité, rien que la vérité, et enquis par nous de ses nom, prénoms, âge, demeure et profession, s'il est domestique, parent ou allié des parties et à quel degré, le témoin nous a répondu et fait sa déposition ainsi qu'il suit :

M. le baron de Janzé (Charles-Alfred), soixante-six ans, ancien député, demeurant à Paris, rue de Monceau, 14.

D. — Le sieur Peyron, avocat à Nîmes, inculpé dans l'instruction ouverte à Bordeaux à propos du livre *Mes Dossiers,* a demandé que vous fussiez entendu, afin de dire ce qui est à votre connnaissance sur les Conventions de 1883 entre l'État et les grandes Compagnies de chemins de fer, alors que M. Raynal était ministre des travaux publics. M. Raynal, se trouvant diffamé dans certains passages de *Mes Dossiers* relatifs aux Conventions dont nous vous donnons connaissance, a porté plainte. C'est à l'occasion des passages que nous venons de vous lire, et à propos desquels une inculpation est relevée contre le sieur Peyron que celui-ci invoque votre témoignage.

R. — Je ne connais pas M. Peyron ; il m'a fait assigner probablement parce qu'il s'est souvenu qu'à l'époque des Conventions, alors que j'étais encore député et que je dirigeais un journal spécial, appelé *la Voie ferrée,* je m'étais montré l'adversaire résolu du système que le gouvernement fît admettre. Je suis très au courant de la question ; et, à l'époque, j'ai publié dans mon journal une série d'articles très vifs contre les Conventions. Mais c'était, si je puis dire, des articles de pure doctrine, exempts de toute personnalité. J'ignore absolument si le fait articulé, page 154 de *Mes Dossiers,* contre le ministre des Conventions, c'est-à-dire contre M. Raynal, est vrai ou faux ; même, je n'en avais jamais entendu parler avant la lecture que vous venez de me faire du passage incriminé.

Lecture faite, persiste et signe.

Signé : baron DE JANZÉ.

Signé : LASCOUX.

Signé : MAUDON.

L'an mil huit cent quatre-vingt-neuf et le onze janvier,

Devant nous, Lascoux, juge d'instruction au Tribunal de première instance du département de la Seine, en notre cabinet, au Palais de Justice, assisté de Crosnier, commis-greffier assermenté,

Est comparu le témoin ci-après nommé, auquel nous avons donné connaissance des faits sur lesquels il est appelé à déposer.

Appelé hors la présence de l'inculpé, après avoir représenté sa lettre de convocation, prêté serment de dire toute la vérité, rien que la vérité, et enquis par nous de ses nom, prénoms, âge, profession, demeure, s'il est domestique, parent ou allié des parties, et à quel degré, le témoin nous a répondu et fait sa déposition ainsi qu'il suit :

Lesguillier (Jules), soixante-deux ans, député de l'Aisne, demeurant à Paris, boulevard Saint-Germain, 9.

D. — Le sieur Peyron, avocat à Nîmes, inculpé dans l'instruction ouverte à Bordeaux à propos du livre *Mes Dossiers,* a demandé que vous fussiez entendu, afin de dire ce qui est à votre connaissance sur les Conventions de 1883 entre l'État et les grandes Compagnies de chemins de fer, alors que M. Raynal était ministre des travaux publics.

M. Raynal a porté plainte en diffamation à propos notamment de l'extrait de lettre imprimé dans *Mes Dossiers,* page 154. C'est à l'occasion de cette

lettre, dont nous vous donnons lecture, et à propos de laquelle une inculpation est relevée contre le sieur Peyron, que celui-ci invoque votre témoignage.

R. — Je ne sais pas le premier mot de l'histoire des billets de banque
oubliés sur la cheminée de M. Raynal. Le fait allégué est-il vrai, est-il faux,
je ne puis le dire ; mais j'ajoute que je n'ai aucune raison de le croire exact.
J'ai été hostile, comme député, au traité passé entre l'État et les grandes
Compagnies. Je me suis tout à fait séparé de M. Raynal justement à cause
de cette question des Conventions, que nous n'envisagions pas de la même
manière. Je crois qu'il a eu tort ; mais, de là à l'accuser de tripotage, il y a
tout un monde.

D. — Vous êtes député de l'Aisne, et justement le passage incriminé
page 154 nous apprend que l'allégation diffamatoire dont s'agit aurait été
d'abord, et en 1886, lancée dans une réunion de négociants en vins, à Paris,
par un député républicain de l'Aisne, maintenant décédé.

Ces indications vous permettent-elles de nous faire connaître quel a pu
être le député auquel on prête un pareil langage?

R. — Non ; parmi les députés de l'Aisne auxquels on peut songer et qui
sont décédés depuis 1886, il n'y a à citer que MM. Villain, mais je suis sûr
qu'il n'a pas quitté l'Aisne depuis les élections de 1885 ; Béranger, mais ce
collègue ne s'est occupé en rien de la question des Conventions, et j'admet-
trais difficilement qu'il eût tenu le langage rapporté dans *Mes Dossiers* ;
enfin Ringuier, mais celui-là était partisan des Conventions : on ne peut
donc pas non plus lui attribuer le langage non seulement diffamatoire, mais
hostile aux Conventions, qui est rapporté dans le livre.

D'où cette conséquence qu'aucun député de l'Aisne maintenant décédé
n'aurait pu prononcer en 1886 les paroles imprimées à la page 154 de
Mes Dossiers.

D. — Connaissez-vous le sieur Peyron?

R. — Nullement ; mais je l'ai entendu plaider, le 17 novembre dernier,
à Nîmes, où j'avais été cité comme témoin pour déposer sur les pots-de-vin
distribués à propos des Conventions. Ma déposition ne fut pas reçue. Si
on m'avait entendu, il serait résulté de mon témoignage que je ne savais
absolument rien. Je n'eus pas même l'occasion d'échanger une parole avec
le sieur Peyron.

Lecture faite, persiste et signe.

Signé : LESGUILLIER.
Signé : LASÇOUX.
Signé : CROSNIER.

L'an mil huit cent quatre-vingt-neuf et le onze janvier,

Devant nous, Lascoux, juge d'instruction au Tribunal de première instance du département de la Seine, en notre cabinet au Palais de Justice,
à Paris, assisté de Crosnier, commis-greffier assermenté,

Est comparu le témoin ci-après nommé, auquel nous avons donné connaissance des faits sur lesquels il est appelé à déposer.

Appelé hors la présence de l'inculpé, après avoir représenté sa lettre de
convocation, prêté serment de dire toute la vérité, rien que la vérité, et
enquis par nous de ses nom, prénoms, âge, profession, demeure, s'il est
domestique, parent ou allié des parties, et à quel degré, le témoin nous a
répondu et fait sa déposition ainsi qu'il suit :

Vacher (Léonard-Cléry), cinquante-six ans, député de la Corrèze, faubourg
Saint-Denis, 132, à Paris.

D. — Le sieur Peyron, avocat à Nîmes, inculpé dans l'instruction ouverte
à Bordeaux à propos du livre *Mes Dossiers,* a demandé que vous fussiez
entendu afin de dire ce qui est à votre connaissance sur les Conventions
de 1883 intervenues entre l'État et les Compagnies de chemins de fer, alors
que M. Raynal était ministre des travaux publics. M. Raynal a porté plainte
en diffamation à propos notamment de l'extrait de lettre imprimé dans *Mes
Dossiers,* page 154. C'est à l'occasion de cette lettre, dont nous vous donnons
lecture et à propos de laquelle une inculpation est relevée contre le sieur
Peyron, que celui-ci invoque votre témoignage.

R. — J'ignore absolument quel est le député qui aurait tenu en 1886 le
langage rapporté à la page 154 de *Mes Dossiers.*

C'est à l'instant et par la lecture que vous venez de me faire de cette
page que j'en ai connaissance. J'ignore absolument si le fait relevé comme
diffamatoire par M. Raynal dans ce passage du livre est exact. On rapporte
là une histoire qui a couru les couloirs de la Chambre, mais je ne saurais
garantir son authenticité.

J'avais été cité comme témoin à la Cour d'assises de Nîmes pour être
entendu sur les pots-de-vin distribués à l'occasion des Conventions.

Mon témoignage ne fut pas reçu plus que celui d'aucun des témoins cités
par la défense. A Nîmes je devais dire ce que je savais des tripotages financiers relatifs aux Conventions, mais il n'était pas du tout question alors du
fait spécial que relève M. Raynal. A l'occasion de ma déposition future à
Nîmes, le sieur Peyron me fit demander une lettre qui avait été écrite par
l'agence Van Hoven au journal *l'Union Républicaine* de la Corrèze, aujour-
d'hui *le Progrès Républicain*, dont je suis le directeur politique ; je crus

devoir envoyer cette lettre au sieur Peyron qui l'a jusqu'à présent conservée. Elle contenait une proposition, à mon journal, d'insertion d'articles favorables aux Conventions et on ajoutait que ces articles seraient payés.

J'avais vu dans de telles propositions une sorte de tentative de corruption vis-à-vis de la Presse, organisée, sans doute, par les auteurs des Conventions. C'est là ce que j'aurais exposé devant les assises de Nîmes. Mais vous me posez aujourd'hui une question sur un fait spécial auquel je ne puis que répondre ce qui est constaté en tête de ma déposition.

Lecture faite, persiste et signe.

Signé : Vacher.
Signé : Lascoux.
Signé : Crosnier.

L'agence Van Hoven, agence de publicité, je crois, a son siège, 152, rue Montmartre.

L'an mil huit cent quatre-vingt-neuf, le douze janvier.

Devant nous, Lascoux, juge d'instruction au Tribunal de première instance du département de la Seine, en notre cabinet, au Palais de Justice, assisté de Crosnier, comme greffier assermenté,

Est comparu le témoin ci-après nommé, auquel nous avons donné connaissance des faits sur lesquels il est appelé à déposer.

Appelé hors la présence des inculpés, après avoir représenté sa lettre de convocation, prêté serment de dire toute la vérité, rien que la vérité, et enquis par nous de ses nom, prénoms, âge, profession et demeure, s'il est domestique, parent ou allié des parties et à quel degré, le témoin nous a répondu et fait sa déposition ainsi qu'il suit :

De Rochefort-Luçay (Victor-Henri), cinquante-sept ans, ancien député, demeurant à Paris, boulevard Rochechouart, 57.

D. — Le sieur Peyron, avocat à Nîmes, est inculpé dans l'instruction ouverte à Bordeaux sur la plainte de MM. Raynal et Villette au sujet du livre *Mes Dossiers*.

Dans ce livre les passages relevés comme diffamatoires sur la désignation des plaignants se trouvent aux pages suivantes dont nous vous donnons lecture :

1° Pages 149 à 151, deux extraits de lettres relatives à l'éclairage au gaz de Bordeaux et au rôle qu'a joué dans cette affaire la maison Astruc et Raynal et aux pots-de-vin encaissés par M. Villette, encore à propos de cette affaire.

2° Pages 151 à 153, extrait d'une lettre relative à la fourniture des pavés céramiques pour Bordeaux.

3° Page 154, extrait d'une lettre relative à M. Raynal accusé, à propos des Conventions, d'une condescendance due à l'oubli de quelques liasses de billets de banque oubliés sur la cheminée du ministre.

4° Pages 154 à 155, extrait d'une lettre dans laquelle M. Raynal est représenté comme un des coquins de la Chambre, etc., etc..., qui puisent à pleines mains dans les millions de la nation.

Le sieur Peyron a demandé que vous fussiez entendu afin de dire ce qui est à votre connaissance sur les divers faits ci-dessus énumérés. C'est pour cela que nous vous avons appelé en témoignage.

R. — Sur les questions 1 et 2, affaires de l'éclairage et du pavage de Bordeaux, et n° 4, accusations générales aux pages 154, 155, je n'ai rien à dire, je ne sais rien de ces choses-là. Sur la question des Conventions, j'ignore absolument si des liasses de billets de banque ont été déposées sur la cheminée de M. Rayual pour le pousser à faire adopter les Conventions par la Chambre. Je constate seulement que c'est comme adversaire acharné des grandes Compagnies et comme partisan absolu du rachat des chemins de fer par l'État que M. Raynal a été nommé d'abord conseiller général de la Gironde, puis député, puis sous-secrétaire d'État.

Après avoir, en ces diverses qualités, continué à combattre les Conventions dans des discours qui sont à l'*Officiel* et qu'il a même réunis en brochure, M. Raynal ayant été nommé ministre des travaux publics, changea si complètement d'opinion que ce fut lui qui se chargea de défendre devant la Chambre le projet de Conventions avec les chemins de fer, qui fut définitivement adopté. Je constate également qu'un certain chapitre du cahier des charges des grandes Compagnies porte une somme considérable sous la rubrique :

Achat de plumes et d'influences.

M. C. Pelletan en fit par trois fois l'observation à M. Raynal lors de la discussion des Conventions à la Chambre, et celui-ci ne fournit à ce sujet aucune explication.

En outre, des agents des grandes Compagnies, pendant tout le temps que dura le débat, vinrent offrir dans les bureaux des différents journaux des sommes d'argent pour les engager à soutenir le projet. Nous avons d'ailleurs, en ce qui nous concernait, relaté ce fait à diverses reprises dans l'*Intransigeant*.

De plus, dans un article inséré dans l'*Intransigeant,* à la date du jeudi 12 mars 1885, on disait ceci :

« C'est être pratique, (M. Raynal) qui, mieux que les Anglais, apprécie la valeur du temps, n'a pas perdu le sien à chanter la palinodie. Son chemin de Damas a été une simple voie ferrée ou dorée, si vous aimez mieux. »

L'article se terminait ainsi :

« Si cet ancien trafiquant, homme d'État à l'heure actuelle, se décide jamais à se retirer des affaires, ce sera certainement après fortune faite. »

Or, M. Raynal ne m'a jamais adressé, au sujet de cet article, non plus que pour plusieurs autres du même genre et sur le même sujet, aucune réclamation.

Lecture faite, persiste et signe :

> Signé : ROCHEFORT.
> Signé : LASCOUX.
> Signé : CROSNIER.

L'an mil huit cent quatre-vingt-neuf, le quatorze janvier,

Devant nous, Lascoux, juge d'instruction au Tribunal de première instance du département de la Seine, en notre cabinet, au Palais de Justice, à Paris, assisté de Crosnier, commis-greffier assermenté,

Est comparu le témoin ci-après nommé, auquel nous avons donné connaissance des faits sur lesquels il est appelé à déposer,

Appelé hors la présence des inculpés, après avoir représenté la citation à lui donnée, prêté serment de dire toute la vérité, rien que la vérité, et enquis par nous de ses nom, prénoms, âge, profession et demeure, s'il est domestique, parent ou allié des parties et à quel degré, nous a répondu et fait sa déposition ainsi qu'il suit :

Pindrié (Honoré), quarante et un ans, publiciste, auteur de l'ouvrage *Nos Chemins de fer et leurs réformes radicales,* directeur du *Moniteur de l'Exposition de 1889,* demeurant personnellement rue de Montenotte, no 32.

D. — Le sieur Peyron, avocat à Nîmes, inculpé dans l'instruction ouverte à Bordeaux à propos du livre *Mes Dossiers,* a demandé que vous fussiez entendu, afin de dire ce qui est à votre connaissance sur les Conventions de 1883 intervenues entre l'État et les Compagnies de chemins de fer, alors que M. Raynal était ministre des travaux publics. M. Raynal a porté plainte en diffamation à propos notamment de l'extrait de lettre imprimé dans *Mes Dossiers,* page 154.

C'est à l'occasion de cette lettre dont nous vous donnons lecture, et à propos de laquelle une inculpation est relevée contre le sieur Peyron, que celui-ci invoque votre témoignage.

R. — En réponse à l'accusation portée à la page 154 de *Mes Dossiers,* au sujet du rôle de M. Raynal, alors ministre des travaux publics, dans le vote des Conventions dites de 1883 avec les grandes Compagnies de chemins de fer, je crois pouvoir affirmer que ce vote a été dû à une série d'affirmations de la part de M. Raynal, affirmations qui, pour la plupart, étaient autant d'erreurs économiques ou financières destinées à surprendre la bonne foi du Parlement. Quant aux gratifications qui auraient pu être remises par le Syndicat des grandes Compagnies à M. Raynal, pour prix du service qu'il rendait à leur cause au détriment des intérêts de l'État, il est certain qu'il est à peu près impossible d'en retrouver la trace authentique, l'usage n'existant pas en pareilles circonstances de donner quittance. Cependant, si l'on croit la rumeur publique, soit à Paris, soit à Bordeaux, il semblerait que la situation de fortune de M. Raynal, que son crédit commercial aient été meilleurs en 1884 qu'ils ne pouvaient l'être en 1882, mais sur ce chef il m'est impossible d'être affirmatif. Quant aux dépenses spéciales qu'aurait pu faire le Syndicat des grandes Compagnies pour aider par la voix de la presse ou autrement à faire voter les susdites Conventions, on n'en trouve une trace que dans les comptes rendus comparés des exercices 1882-1883 de la Compagnie du Nord; mais, ce qui est certain, c'est que des députés dont l'honorabilité ne peut être mise en doute, n'ont voté que sur les affirmations de M. Raynal les Conventions de 1883, dont les conséquences ont été désastreuses pour les finances publiques et pour les intérêts de l'agriculture, de l'industrie et du commerce français. . . . .

Je ne connais en aucune façon le sieur Peyron, avocat à Nîmes, qui a réclamé mon témoignage. Je puis ajouter que je ne connais pas non plus M. Gilly.

Lecture faite, persiste et signe.

Signé : H. PENDRIÉ.
Signé : LASCOUX.
Signé : CROSNIER.

L'an mil huit cent quatre-vingt-neuf, et le quatorze janvier,

Devant nous, Michel (Amédée-Aurélien-Denis), juge de paix du canton de Verneuil, assisté du sieur Albert-Félix-Léon Bureau, greffier de cette justice de paix,

Et procédant en vertu d'une commission rogatoire de M. le Juge d'instruction de la Seine (Paris), en date du 9 janvier 1889, transmise à M. le Juge d'instruction d'Évreux, en date du 10 janvier 1889,

Étant à Verneuil, rue Gambetta, en notre cabinet,

Est comparu le témoin ci-après nommé, appelé par simple lettre, pour faire sa déclaration sur le fait et les circonstances des diffamations dont sont inculpés les nommés Savine, Gilly, Peyron, Chirac. Lequel témoin, après avoir sur notre invitation prêté entre nos mains le serment de dire toute la vérité, rien que la vérité, a, sur notre demande, déclaré n'être parent, allié, serviteur ni domestique des inculpés, et a été entendu par nous séparément, hors la présence des inculpés, ainsi qu'il suit :

Je me nomme Hubner (Edmond-Albert), âgé de quarante-huit ans, né le 6 décembre 1841, à Paris, propriétaire, demeurant à Villières-sur-Avres (villa du Larry).

Je suis ancien directeur-propriétaire du *Journal international des Mine-rais et Métaux,* paru de décembre 1882 à juin 1884; quant à ma brochure, son véritable nom est *Gaspillage du budget de la guerre,* récit de mes révélations à MM. Jules Ferry, Spuller, Jean-Casimir Perrier, général Campenon, ministre de la guerre, et aux autres, et cela ne peut être qu'au sujet de ces révélations donnant plusieurs noms de députés et sénateurs que M. Peyron a cru devoir me citer comme témoin. S'il se peut que je sois cité à Bordeaux, après l'avoir été à Nîmes, comme témoin dans son affaire, M. Peyron a dû, pour cela, s'en référer à la circulaire envoyée par moi aux électeurs sénatoriaux de la Gironde, en juillet 1887, pour l'élection qui a abouti à l'élection de M. Lavertu Jean (¹).

Je n'ai absolument rien à déclarer au sujet des allégations relatées dans *Mes Dossiers,* concernant le rôle joué par M. Raynal à propos des Conven-tions de 1883 intervenues entre les grandes Compagnies de chemins de fer et l'État, par l'intermédiaire de M. Raynal, alors ministre des travaux publics.

Je n'ai été mêlé à cette affaire des Conventions que par des articles très étendus que j'ai publiés à ce sujet pour faire ressortir le tort inévitable qu'elles feraient à notre commerce et à notre industrie. Lesquels articles je me fis un devoir d'adresser aux députés avant même la discussion, et que je tiens à la disposition de la justice, qui, d'ailleurs, pourrait les retrouver dans la collection gardée par la Bibliothèque nationale.

(¹) *Sic.*

Je déclare que je n'ai rien à dire au sujet des allégations diffamatoires résultant de l'extrait de lettre ainsi conçu :

En 1886, dáns une réunion de négociants en vins et spiritueux, à Paris, qui se plaignaient des conséquences des Conventions, un député républicain de l'Aisne dit : « Vous avez raison, Messieurs, de vous plaindre de ces néfastes Conventions dans lesquelles on a sacrifié l'intérêt du commerce au profit des financiers. Il est déplorable qu'un ministre français se soit fait le champion de ces financiers, et malheureusement (puisque nous sommes ici entre quatre murs) nous sommes obligés d'avouer que cette condescendance a été due à l'oubli de quelques liasses de billets de banque sur le manteau de la cheminée du ministre. »

Ce député est aujourd'hui décédé,. mais plus de quarante personnes étaient là pour l'écouter.

Je déclare que je n'étais pas à la réunion en question et que je n'ai jamais eu connaissance de cet incident avant la lecture de *Mes Dossiers*.

Lecture faite, le témoin a signé avec nous et le greffier.

Signé : HUBNER.
Signé : DENIS.
Signé : BUREAU.

———

Saisie de trois télégrammes expédiés de Nîmes à Paris :

Primo : Télégramme (signé : Auguste) expédié par Peyron, rue Ménars, 11, à Rispaud, 4, place du Trocadéro, le 17 novembre, à sept heures dix soir.

« Acquitté. — Preuve interdite, marchez. — Compte rendu à ajouter à un autre tirage. »

Secundo : Télégramme signé : Gilly-Chirac, adressé au sieur Savine, expédié le 18 novembre, à neuf heures trente du matin :

« Gilly s'oppose vente livre tel qu'il est composé. Arrêtez de suite, lettre suit. »

Tertio : Télégramme du sieur Chirac, signé : Auguste, adressé à Rispaud, expédié le 18 novembre à cinq heures trente du soir :

« Tranquillisez-vous. Lettre en route — incident grave a dicté dépêche précédente, — je pars demain matin. »

7

Lettre de Bonnet, avoué à Nîmes, à Gilly.

Nîmes, 10 décembre 1888.

Mon cher Député,

Ainsi que me l'a demandé en votre nom mon ami, Mᵉ Peyron, je me suis empressé de télégraphier aujourd'hui à midi à mon compatriote, M. Salis, pour lui dire que le montant de sa taxe à témoins m'a été réglée afin de vous éviter un nouvel ennui de ce côté. Ce n'est qu'une petite avance que je suis heureux de pouvoir vous faire, vous demandant seulement de faire votre possible pour me faire parvenir cette somme de 202 fr. 50 d'ici à fin courant, le moment des étrennes m'obligeant à faire appel à tous mes fonds. Le gouvernement va faire une nouvelle bêtise en nommant une commission municipale. C'est un atout de plus dans votre jeu, je vous en félicite et vous envoie mes meilleures amitiés.

Votre tout dévoué,   Signé : Bonnet.

Monsieur le Juge d'Instruction,

J'ai l'honneur de vous informer que je me porte partie civile dans le procès pendant entre MM. Savine, Numa Gilly et moi. Je prie Mᵉ Dubourg, avoué à la Cour, de faire le nécessaire à cet égard.

Je vous prie d'agréer, Monsieur le Juge d'instruction, l'assurance de ma haute considération.

Signé : D. Raynal.

L'an mil huit cent quatre-vingt-neuf, le quatorze janvier,

Devant nous, Lascoux, juge d'instruction au Tribunal de première instance du département de la Seine, en notre cabinet, au Palais de Justice, à Paris, assisté de Crosnier, commis-greffier assermenté,

Est comparu spontanément le témoin ci-après nommé, auquel nous avons donné connaissance des faits sur lesquels il est appelé à déposer.

Appelé hors la présence des inculpés, après avoir prêté serment de dire toute la vérité, rien que la vérité, et enquis par nous de ses nom, prénoms, âge, profession, demeure, s'il est domestique, parent ou allié des parties et à quel degré, le témoin nous a répondu et fait sa déposition ainsi qu'il suit :

Raynal, déjà entendu à Bordeaux, dépose :

Je me présente pour vous prier de dresser procès-verbal de certaines observations qui peuvent ne pas se trouver encore dans l'instruction et que je crois utiles à la manifestation de la vérité.

J'ai confirmé ma plainte devant M. le Juge d'instruction de Bordeaux le 8 décembre. Le lendemain, le député du Gard écrivait à Mᵉ Laguerre la lettre de désaveu du livre dont tous les journaux ont donné le texte. Une déclaration si tardive, puisque le livre a été mis en vente, exactement, je crois, le 21 novembre, a surpris tout le monde, et c'est par le terme de *reculade* qu'on l'a qualifiée.

Mais ce qu'on n'a peut-être pas rappelé encore, c'est que fort peu de jours avant la lettre de désaveu si formel du 9 décembre, M. Gilly adressait à M. le Garde des sceaux une lettre reproduite partout, dans laquelle il acceptait nettement la paternité de *Mes Dossiers*.

Je vous dépose le texte de cette lettre insérée dans un numéro de l'*Intransigeant* du 5 décembre dernier. La date de la lettre n'y est pas, mais pour sûr elle a été écrite le 2 ou le 3 décembre.

De l'ensemble de cette lettre, il résulte que M. Gilly ne cherche pas à nier sa responsabilité dans la publication diffamatoire, puisqu'il demande que les débats des diverses affaires soient joints dans une unique audience. Cela ne veut-il pas dire, en effet, que le député du Gard n'envisage pas comme possible une ordonnance de non-lieu, en ce qui le concerne?

Mais il y a mieux. Dans cette lettre, M. Gilly, parlant des diverses plaintes que le livre *Mes Dossiers* lui suscite, s'élève contre la manière dont la procédure est engagée, et écrit « qu'il voit là une tactique pour l'empêcher de faire la lumière sur les faits qu'il a dénoncés. »

Où les a-t-il dénoncés, si ce n'est dans le livre *Mes Dossiers*?

Il était naturel que je fisse constater que si, dans sa lettre du 9 décembre, M. Gilly a nié la paternité de ce livre, il l'avait revendiquée très peu de jours auparavant. Dès lors, quelle valeur peut avoir le désaveu du 9 décembre?

Je vous remets en outre un numéro de l'*Intransigeant*, en date du 1ᵉʳ décembre dernier, mentionnant, à propos de la demande en autorisation de poursuites contre M. Gilly, que celui-ci a écrit au Président de la Chambre qu'il s'associait aux demandes en autorisation de poursuites; ce qui prouve qu'à cette date, comme lorsque deux ou trois jours plus tard il écrivait à

M. le Garde des Sceaux, M. Gilly ne cherchait pas à décliner la responsabilité de son œuvre.

Lecture faite, persiste et signe.

Signé : D. RAYNAL.
Signé : LASCOUX.
Signé : CROSNIER.

MONSIEUR LE GARDE DES SCEAUX, ministre de la Justice, Paris.

Mes collègues de la Chambre ont déclaré qu'il ne leur appartenait pas
de décider si les différentes poursuites intentées contre moi devaient ou
non être jointes, pour qu'il soit statué sur elles après un grand et unique
débat.

Je m'adresse donc à vous pour qu'il en soit ainsi.

Ma situation de fortune ne me permet pas de faire face aux frais de
plusieurs procès; et si le gouvernement se prêtait à une tactique qui semble
avoir pour but de m'empêcher de faire la lumière sur les faits que j'ai
dénoncés, l'opinion serait autorisée à penser que les gardiens de l'honneur
national ne veulent pas que la vérité se fasse jour.

Aussi bien, la France attend avec anxiété que cette affaire soit dénoncée
au plus tôt.

Je demande donc que le débat qui n'a pu avoir lieu à Nîmes ait lieu
à Paris solennellement.

Tout le monde attend cela de votre haute justice.

Recevez, etc.

Signé : Numa GILLY, *député du Gard.*

Pour copie certifiée conforme :

Le Directeur des affaires criminelles et des grâces,

Signé : DUMAS.

L'an mil huit cent quatre-vingt-neuf, le dix-sept janvier,

Devant nous, Lascoux, juge d'instruction au Tribunal de première instance du département de la Seine, en notre cabinet, au Palais de Justice,
à Paris, assisté de Gellier, faisant fonctions de commis-greffier assermenté,
dont nous avons reçu le serment,

Est comparu le témoin ci-après nommé, auquel nous avons donné connaissance des faits sur lesquels il est appelé à déposer.

Appelé hors la présence des inculpés, après avoir représenté la citation à lui donnée, prêté serment de dire toute la vérité, rien que la vérité, et enquis par nous de ses nom, prénoms, âge, demeure et profession, s'il est domestique, parent ou allié des parties, et à quel degré, le témoin nous a répondu et fait sa déposition ainsi qu'il suit :

Levé (André), vingt-sept ans, imprimeur, demeurant rue Cassette, 17, à Paris.

D. — Est-il exact que vous avez imprimé un certain nombre d'exemplaires de *Mes Dossiers?*

R. — C'est exact; nous en avons tiré 22,000 exemplaires.

D. — Expliquez dans quelles conditions ce tirage a eu lieu et à quelle date, et aussi de quelle main vous avez reçu le bon à tirer.

R. — Le 22 novembre dernier, vers midi, j'ai reçu chez moi la visite de M. Fauvé, envoyé par M. Savine; il me dit : Nous avons tous les clichés d'un volume intitulé : *Mes Dossiers*. Pouvez-vous les tirer de suite? Notre imprimeur ne peut pas suffire à la besogne.

M. Fauvé se retira sur ma réponse affirmative, revint le soir même et me remit alors les clichés en question.

Le lendemain 23 novembre il revint encore et je reçus de lui, signé de sa main : Fauvé pour Savine, le bon à tirer à 22,000 exemplaires.

Je vous dépose ce bon à tirer que M. Fauvé écrivit séance tenante sur un papier à en-tête de notre imprimerie.

Les 22,000 exemplaires furent tirés dans les trois jours. M. Savine en a fait prendre 10,500; nous sommes encore dépositaires du surplus du tirage, soit 11,500 exemplaires.

Les clichés sont toujours dans nos magasins.

Je vous représente un exemplaire de *Mes Dossiers,* sorti de nos presses. Il porte bien, comme vous voyez, au bas du verso de la première page : « Paris, imprimerie F. Levé, rue Cassette, 17, » mentions qui sont reproduites au bas de la quatrième page de la couverture.

Lecture faite, persiste et signe.

.Signé : André LEVÉ.
Signé : LASCOUX.
Signé : GELLIER.

Bon à tirer à 22,000 pour *Mes Dossiers*. Répartir le papier Debeurge sur les neuf feuilles et demie et continuer ensuite dans les mêmes proportions sur le papier d'Essones.

Pour A. Savine, signé : FAUVÉ.

L'an mil huit cent quatre-vingt-neuf, le dix-sept janvier,

Devant nous, Lascoux, juge d'instruction au Tribunal de première instance du département de la Seine, en notre cabinet, au Palais de Justice, à Paris, assisté de Gellier, faisant fonctions de commis-greffier assermenté par nous,

Est comparu le témoin ci-après nommé, auquel nous avons donné connaissance des faits sur lesquels il est appelé à déposer.

Appelé hors la présence des inculpés, après avoir représenté la citation à lui donnée, a prêté serment de dire toute la vérité, rien que la vérité, et enquis par nous de ses nom, prénoms, âge, profession, demeure, s'il est domestique, parent ou allié des parties et à quel degré, le témoin nous a répondu et fait sa déposition ainsi qu'il suit :

Moriondo (Charles), quarante-deux ans, propriétaire de l'hôtel de France, cité Bergère, 2.

D. — Indiquez-nous avec précision les dates d'arrivée à votre hôtel et de départ des sieurs Peyron, avocat à Nîmes, et Gilly, député du Gard.

R. — Le sieur Peyron a logé dans mon hôtel du 21 octobre dernier au 26 octobre ; il n'y est pas revenu depuis et il n'y avait jamais logé avant le 21 octobre.

Je vous représente mon livre de police sur lequel, au f° 15, est l'inscription suivante :

« Franc (Eugène), trente-huit ans, propriétaire, né à Nîmes (Gard), venant de Nîmes, entré le 21 octobre, sorti le 26 octobre 1888. »

Ce prétendu Franc n'était autre, à ce que j'ai su depuis, que le sieur Élie Peyron, avocat à Nîmes. C'est le sieur Gilly qui m'a donné plus tard ce renseignement.

Quant au député Gilly, il a logé pour la première fois dans mon hôtel en novembre dernier, et il s'y est fait inscrire alors sous ce même faux nom de Franc, qui avait déjà servi au sieur Peyron.

Je vous représente encore mon livre de police où se trouvent les mentions suivantes, au f° 17.

« Franc (Eugène), propriétaire, né à Nîmes (Gard), venant de Nîmes, entré le 4 novembre 1888, sorti le 14 novembre ».

En novembre dernier, je connaissais déjà, bien qu'il n'eût jamais été mon locataire, le député Gilly ; il ne pouvait donc me tromper sur son véritable nom ; mais, à sa demande expresse, je l'inscrivis comme vous venez de voir. Ce fut alors et par lui que j'appris que le voyageur qui, en octobre précédent, avait logé dans l'hôtel sous ce même nom de Franc, n'était autre que l'avocat Peyron, de Nîmes, dont lui Gilly reprenait le pseudonyme.

Le 14 novembre, le sieur Gilly quitta mon hôtel pour retourner à Nîmes, où l'appelait son procès. Il est revenu loger chez moi, depuis le 7 décembre dernier, ainsi que l'atteste encore mon registre f° 21 que je vous représente, et depuis le sieur Gilly est toujours mon locataire.

Mais depuis le 7 décembre, il a été inscrit régulièrement comme vous voyez : Gilly (Numa), cinquante-quatre ans, député, né à Nîmes (Gard), venant de Nîmes.

Je vous répète qu'il n'a pas cessé, depuis le 7 décembre, d'avoir sa chambre à mon hôtel. Cependant, pour être exact, je dois ajouter que tout récemment il a fait un voyage à Nîmes ; il est resté absent pour ce voyage pendant quelques jours. D'ailleurs, en dehors de cette absence-là, il n'en a pas fait d'autre.

D. — L'absence dont vous parlez a eu lieu exactement du 5 courant soir, au 8 soir. Mais êtes-vous bien sûr de ne pas vous tromper quand vous affirmez que, entre le 7 décembre et le 5 janvier, le sieur Gilly ne s'est pas absenté ? Nous croyons savoir qu'il s'est absenté une première fois, du 17 décembre soir au 18 décembre soir.

R. — C'est une erreur : M. Gilly dîne avec moi tous les soirs à six heures et demie, et je crois pouvoir affirmer que, depuis le 7 décembre jusqu'à son absence, entre le 5 et le 8 courant, il a toujours dîné à la maison.

D. — Nous ne nous attendions guère à ce que vous nous apprenez là. Le sieur Gilly, lui-même, est venu nous demander, le 17 décembre, l'autorisation d'aller à Nîmes et de partir ce soir-là même ; nous la lui avons accordée, et lorsque nous l'avons revu le 21 décembre, il nous a exposé que, pour certaines raisons, il n'était pas allé jusqu'à Nîmes ; qu'il était allé seulement jusqu'à Avignon, mais qu'il avait bien quitté Paris le 17 décembre au soir et qu'il y était revenu dès le 18 au soir. D'après cela, nous devions croire que vous commettiez une erreur en déclarant qu'entre le 7 décembre et le 5 janvier, M. Gilly n'avait pas fait de voyage.

R. — Encore une fois, je ne me suis pas aperçu que M. Gilly se soit absenté entre le 7 décembre et le 5 janvier. Je vous disais que, dans cet intervalle, il avait toujours dîné avec moi à six heures et demie, ce qui me permettait de déclarer que, le 17 décembre, date indiquée par vous, il n'avait pu prendre, à la gare de Lyon, le train du Midi, qui part à 7 heures 15 ; cependant, je dois dire qu'aussi une fois ou deux M. Gilly a dîné dehors.

Serait-ce justement le 17 ou le 18 décembre ? S'il en était ainsi, cela pourrait changer les choses. L'absence de M. Gilly, à laquelle vous faites allusion, n'ayant duré (si elle a eu lieu) que vingt-quatre heures environ, j'ai pu, rigoureusement, ne pas la connaître. Rigoureusement, elle aurait pu avoir lieu à mon insu.

Je ne puis vous en dire davantage.

Lecture faite, persiste.

> Signé : MORIONDO.
> Signé : LASCOUX.
> Signé : GELLIER.

Chambre des Députés.   Paris, 24 janvier 1889.

MONSIEUR LASCOUX, juge d'instruction, à Paris.

Aujourd'hui encore il m'est impossible de me rendre à votre invitation; mais voici les renseignements que vous demandez :

La commande du volume *Mes Dossiers* a été faite à mon imprimerie par M. Savine, éditeur, à la date du 13 novembre dernier. Les bons à tirer ont été donnés par lui les 14, 15 et 16 novembre.

Quant aux manuscrits, ils lui ont été rendus.

Vous n'ignorez pas qu'il est d'usage de les remettre avec la première épreuve à l'auteur ou à l'éditeur, et que l'imprimeur n'a pas le droit de les retenir.

J'espère, Monsieur le Juge d'instruction, que la présente déclaration vous renseignera suffisamment sur les points visés et vous prie d'agréer ma haute considération.

> Signé : PLANTEAU.

Lettre adressée à Savine,

Nîmes, le 12 novembre 1888.

Honoré Monsieur et permettez-moi d'ajouter Ami,

Il ne saurait y avoir de difficulté quant à l'apparition du livre et la publication des documents dans les journaux. Ce qui importe, et cela allait sans dire, c'est que toutes les surprises d'audience soient réservées et que nos pétards éclatent dans un ciel relativement serein.

Chirac vous télégraphiera et fera le nécessaire. Je me repose entièrement sur vous. Je vous envoie la deuxième partie de mon introduction ; hier vous

avez dû recevoir celle de Thierry, demain vous recevrez la troisième partie
de la mienne (il me faut recopier l'acte d'accusation), et après demain je
vous enverrai la première partie de mon introduction, quand Thierry, que
doivent absorber les délices de Capoue, se sera décidé à m'envoyer sa notice
biographique. Ramonez-le donc, ce cher ami.

A vous.

Signé : Élie PEYRON.

L'an mil huit cent quatre-vingt-neuf, le dix-sept janvier, devant nous,
Marius Bernès, juge d'instruction de l'arrondissement de Nîmes, assisté du
commis-greffier soussigné.

Procédant en vertu d'une Commission rogatoire de notre collègue de la
Seine, en date du 14 janvier 1889,

A comparu Gilly (Joséphine), vingt-cinq ans, sans profession, demeurant
à Nîmes, témoin cité par exploit de Mourgues, huissier, en date du 16 janvier, lequel nous a représenté la copie, a promis de dire la vérité, rien que
la vérité, la fille d'un des prévenus.

Nous représentons au témoin le reçu daté du 22 novembre 1888 pour la
somme de 3,000 francs et signé : « Pour mon père, Joséphine Gilly. »
Mlle Gilly nous fait ensuite la déclaration suivante :

Je reconnais très bien le reçu que vous me représentez; il émane de moi
et il est entièrement écrit de ma main. Voici dans quelles circonstances je
l'ai fait. Le 22 novembre, dans la matinée, M. Peyron vint chez moi
et me dit qu'il m'apportait 3,000 francs qu'il avait reçus de M. Savine,
de Paris, et qu'il venait me les remettre à titre de dépôt. Sachant que mon
père avait une confiance absolue en M. Peyron, je ne fis aucune difficulté
pour faire ce qu'il me demandait. Je pris les 3,000 francs et j'écrivis
le reçu que vous avez entre les mains, sur les indications que me donna
M. Peyron; je ne puis pas dire que M. Peyron m'ait dicté les termes de
ce reçu, mais il m'a donné les indications pour le faire et c'est lui qui m'a
engagé à mettre sur le reçu cette phrase : « De la part de M. Savine, éditeur
à Paris. » Du reste, je n'ai attaché aucune importance à ce reçu, et, comme
vous pouvez le remarquer, je l'ai libellé aussi brièvement que possible. En
un mot, je l'ai fait suivant le désir et les indications de M. Peyron. Je n'ai
point été étonnée que ce dernier s'adressât à moi pour faire ce dépôt. Je
m'occupe des affaires de mon père, et j'ai reçu cet argent comme j'en reçois
d'autre. Il n'y avait donc rien d'anormal à ce que M. Peyron s'adressât à
moi plutôt qu'à mon père.

8

Tout ce que je sais de la provenance de cet argent, c'est qu'il vient de M. Savine; mais dire à quel titre ce dernier l'a envoyé à M. Peyron, c'est ce qu'il m'est impossible de faire. J'ignore absolument s'il représente des droits d'auteur et si mon père ou M. Peyron avaient à toucher des droits d'auteur de M. Savine. M. Peyron est revenu quelques jours après pour toucher partie de cette somme, puis pour prendre le reste. Je crois même pouvoir préciser que c'est le 27 novembre qu'il est venu en toucher une partie et le 29 du même mois le solde. M. Peyron m'a remis des reçus que j'ai chez moi et que je remettrai si mon père m'y autorise.

D. — Savez-vous à quoi ont servi ces 3,000 francs?

R. — Ils devaient servir à payer des témoins qui avaient été cités à la requête de mon père, c'est du moins ce que M. Peyron m'apprit en me remettant les reçus qu'il avait rédigés lui-même. Ces reçus indiquant que l'argent devait servir à payer des témoins, c'est ainsi que j'ai su ce que M. Peyron avait fait de l'argent.

D. — Puisque cet argent a servi à payer des témoins, et qu'il devait y servir, pourquoi avez-vous accepté ce dépôt? M. Peyron ne pouvait-il pas payer les témoins lui-même? Et M. Allemand, qui était chargé de répartir l'argent destiné aux frais du procès, n'était-il pas naturellement désigné pour recevoir cette somme plutôt que vous?

R. — J'ai agi sans arrière-pensée et, je puis le dire, sans réflexion. Pourquoi aurais-je cherché à pénétrer la portée d'actes qui ne me concernaient pas et qui provenaient des personnes auxquelles mon père accordait la confiance la plus illimitée? M. Peyron m'aurait versé 100,000 fr. que je les aurais pris sans lui en demander la provenance ni à quel titre *(sic)*.

D. Nous vous représentons maintenant une lettre émanant de M. Bonnet, avoué à Nimes, datée du 13 décembre, et contenant une mention écrite au crayon. Pouvez-vous nous dire tout d'abord de quelle personne émane cette mention?

R. — C'est moi qui l'ai écrite. Les mots: « Prière à M. Peyron de vouloir bien faire le nécessaire, attendu qu'il a les fonds » sont tous de ma main, et la signature Gilly est de moi. L'initiale qui précède la signature est un J. C'est la première lettre de mon prénom.

D. — Cette lettre n'était-elle pas renfermée dans l'enveloppe que nous vous représentons?

(Après représentation au témoin de l'enveloppe remise par l'inculpé Peyron) :

R. — En effet, cette lettre est revenue de Paris par suite d'insuffisance d'adresse; je l'ai reçue cachetée; suivant l'autorisation que mon père m'a donnée, je l'ai ouverte et, voyant qu'il s'agissait d'affaires concernant le procès, je l'ai adressée à M. Peyron par ma bonne.

D. — Pourquoi l'avez-vous adressée à M. Peyron?

R. — Parce que lui-même m'avait dit, quelques jours avant, de lui faire parvenir directement tout ce qui aurait trait au procès et 'particulièrement ce qui se rapporterait à la question financière.

D. — Expliquez-vous à cet égard.

R. — Autant que je m'en souviens, c'était le mardi, 20 novembre, M. Peyron, chez lequel je m'étais rendue pour lui remettre de la part de mon père une lettre de M. Deferre, avoué, me dit ces propres paroles : « Dites à votre père de ne pas se mettre en peine; je me charge de tous les frais; de l'argent, j'en aurai, et tout le monde sera payé. » Il faisait allusion aux taxes des témoins qui étaient en souffrance et j'ai cru comprendre qu'il prenait à sa charge tous les frais du procès. Ceci ne faisait que confirmer, du reste, ce que mon père m'avait déjà dit.

D. — Votre père a-t-il eu connaissance, soit par vous, soit autrement, de la lettre Bonnet, du 13 décembre, dont nous vous avons parlé?

R. — Je ne le crois pas; la lettre est revenue de Paris cachetée et je ne lui en ai pas parlé.

D. — Avez-vous entendu parler des conventions qui seraient intervenues entre les auteurs de l'ouvrage *Mes Dossiers?*

R. — Jamais; j'ignore même s'il y a eu des conventions.

A cet instant, nous invitons le témoin à parapher *ne varietur* la lettre Bonnet du 13 décembre, ce qui est fait en notre présence.

Confrontation.

Gardant le témoin, nous faisons introduire l'inculpé Peyron et nous l'informons qu'il se trouve en contradiction avec Mlle Gilly sur divers points sur lesquels nous appelons son attention.

D. — Mlle Gilly affirme que la somme de 3,000 fr. qu'elle a reçue le 22 novembre lui a été remise par vous à titre de dépôt, que le reçu qu'elle vous a donné lui a été en quelque sorte dicté par vous et qu'elle a toujours ignoré que cette somme de 3,000 fr. représentait les droits d'auteur que son père aurait eu à toucher de Savine.

M. Peyron répond : Je suis d'accord avec Mlle Gilly sur deux points. Le premier que je lui ai remis l'argent en dépôt, le second que je lui ai donné les indications suivant lesquelles le reçu devait être libellé; mais je ferai observer à Mlle Gilly que le libellé même de ce reçu correspondait à quelque chose, et qu'il ne me paraît pas possible qu'elle n'ait pas cherché à s'en rendre compte comme elle le dit. Ce quelque chose, c'était que M. Gilly avait à recevoir des droits d'auteur de M. Savine et Mlle Gilly le savait très bien.

Mlle Gilly. — Je l'ai toujours ignoré. Je n'ai jamais su qu'il y eût un traité quelconque et ce que ce traité pouvait contenir.

M. Peyron. — Je vous ai montré ce traité à mon retour d'Angleterre, vous en avez pris connaissance, vous et votre père vous le connaissez. Avant son départ pour Paris, j'ai remis à M. Gilly divers papiers et notamment le traité libellé par Savine.

Mlle Gilly. — Je vous mets au défi de m'indiquer le jour où vous m'avez montré ces pièces, vous mentez impudemment.

M. Peyron. — Je ne puis vous répondre sur ce ton-là; je me contente d'affirmer un fait et je l'affirme.

Demande à Peyron. — Mlle Gilly affirme que vous avez dit chez vous, en sa présence, que vous vous chargiez de tous les frais du procès et que son père n'avait rien à craindre?

Réponse de Peyron. — J'ai dit à Mlle Gilly ce que j'ai toujours dit, que j'espérais arriver à couvrir les frais du procès avec les droits d'auteur et le montant de la souscription, mais jamais que je me chargeais de ces frais en quelque sorte comme à forfait.

Mlle Gilly. — Ce n'est pas ainsi que j'ai compris la chose et vous avez été beaucoup plus explicite.

Demande à Peyron. — N'avez-vous pas chargé Mlle Gilly de vous remettre directement tout ce qui avait trait aux frais du procès, comme si vous en assumiez en quelque sorte toute la charge et toute la responsabilité?

R. — Tout cela est exact, toujours sous bénéfice de la restriction suivante : J'ai assumé tout le poids du procès pour éviter les soucis qui devaient fatalement en découler, soit à M. Gilly, soit aux membres de sa famille, mais jamais avec la pensée d'engager ma responsabilité au delà.

Demande à Mlle Gilly. — Pouvez-vous affirmer une fois encore que vous ignoriez que votre père ou M. Peyron avaient un intérêt pécuniaire dans la publication de l'ouvrage *Mes Dossiers* ?

R. — Je ne puis rien dire ni pour l'un ni pour l'autre *(sic)*.

M. Peyron. — Vous avez été au courant de tout ce qui s'est passé.

R. — Je le maintiens.

Lecture faite, persistent et signent.

Signé : J. GILLY.
Signé : E. PEYRON.
Signé : M. BERNÈS.
Signé : PEPIN.

L'an mil huit cent quatre-vingt-neuf et le dix-sept janvier, par devant nous, Marius Bernès, juge d'instruction de l'arrondissement de Nîmes, assisté du commis-greffier soussigné,

Procédant en vertu d'une commission rogatoire de notre collègue de la Seine en date du 14 courant, a comparu Allemand (Antoine), quarante-huit ans, négociant, demeurant à Nîmes, témoin cité par exploit de Mourgues, huissier, en date du 16 janvier, lequel nous a représenté la copie et a juré de dire la vérité, rien que la vérité et n'être point parent, allié, serviteur, ni domestique des prévenus.

J'ai déjà eu l'occasion de déposer devant vous sur commission rogatoire de M. le Juge d'instruction de Bordeaux. Je vous ai rapporté, dans cette déposition, certaines paroles prononcées par Peyron en ma présence dans une promenade faite à la Tour-Magne le 18 novembre, lendemain du procès de Nîmes. Je vous ai dit alors que Peyron avait prononcé ces mots devant moi, s'adressant à Numa Gilly qui se désolait des conséquences qu'il prévoyait : « Vous êtes un enfant, vous n'avez rien à craindre, je réponds de tout. » Ce sont là les seules paroles que j'ai entendues prononcer par cet avocat.

D. — N'a-t-il jamais été question, en votre présence, des frais du procès?

R. — Il n'en a été question que dans la circonstance que je vous ai rapportée dans ma première déposition et relative à la visite que j'ai faite à Peyron sur l'invitation de Numa Gilly, quand ce dernier m'eut dit que Peyron avait un crédit de 10,000 francs ouvert chez un banquier.

D. — M. Peyron ne vous a-t-il jamais parlé de ce prétendu crédit?

R. — Non; je suis allé avec lui chez M. Guédan, mais Peyron ne m'a donné aucune explication sur le crédit qu'il avait dans cette maison.

D. — Savez-vous comment on devait parer aux frais du procès?

R. — On avait ouvert une souscription dont j'étais le trésorier; mais elle a produit fort peu de chose, et je n'ai jamais su comment on devait faire pour payer la somme très forte que les frais devaient fatalement occasionner.

D. — M. Gilly ne vous a-t-il jamais dit qu'il avait à toucher des droits d'auteur de la part de Savine, pour son ouvrage Mes Dossiers?

R. — Jamais.

D. — Vous a-t-il parlé au moins de ceux que Peyron avait reçus?

R. — Non.

Confrontation.

Nous faisons introduire M. Peyron et nous lui faisons la question suivante :

D. — Expliquez-nous comment il se fait que vous n'ayez jamais parlé au témoin des 3,000 francs de M. Savine, quoique M. Allemand fût le trésorier de la souscription destinée à payer les frais du procès.

R. — M. Peyron. — Je lui en ai parlé; que M. Allemand rappelle ses souvenirs.

M. Allemand, intervenant. — Je me souviens, en effet, que M. Peyron m'a dit, un jour : « Il y a 3,000 francs chez Gilly venant de Savine; allez les chercher. » Je lui ai répondu : De l'argent venant d'un pareil livre, je n'y touche pas.

M. Peyron m'a demandé encore si Savine ne m'avait rien envoyé; je lui ai répondu que non.

Demande à Allemand. — Expliquez-vous sur la provenance et le caractère des 3,000 francs déposés chez Gilly. Étaient-ce des droits d'auteur, et pour qui étaient-ils?

R. — C'était évidemment des droits d'auteur; mais à qui étaient-ils destinés, je n'en sais rien. Ni Gilly ni Peyron ne se sont jamais expliqués devant moi à ce sujet.

M. Peyron. — Le témoin a déclaré que je lui avais demandé si Savine lui avait envoyé des fonds. Donc, les fonds étaient destinés à payer les frais du procès, et ce n'est pas moi seul qui étais chargé de les payer.

M. Allemand. — Si M. Peyron veut connaître le fond de ma pensée, la voici : M. Gilly n'est pour rien dans toute cette affaire. M. Peyron a tout fait.

Est-ce dans un but pécuniaire ou dans un but de popularité? Je l'ignore, mais c'est dans l'un des deux.

M. Peyron, intervenant. — M. Allemand me connaît trop bien pour penser que c'est dans un but pécuniaire que j'ai agi ainsi.

M. Allemand. — Alors, c'est dans un but de popularité, et je vous rends responsable de tout ce qui arrive de fâcheux à M. Gilly.

Lecture faite, persistent et signent :

> Signé : ALLEMAND.
> Signé : PEYRON.
> Signé : BERNÈS.
> Signé : PEPIN.

L'an mil huit cent quatre-vingt-neuf et le dix-sept janvier, par-devant nous Marius Bernès, juge d'instruction de l'arrondissement de Nîmes, assisté du commis-greffier soussigné, procédant en vertu d'une commission rogatoire de notre collègue de la Seine, en date du 14 courant, a comparu Virginie Daniel, épouse Martin, âgée de vingt-cinq ans, demeurant à Nîmes, rue Grétry, 8, témoin cité par exploit de Mourgue, huissier en date du 16 janvier, laquelle nous a représenté la copie et a juré de dire la vérité, rien que la vérité.

D. — N'avez-vous pas entendu une conversation entre M. Peyron et M. Numa Gilly au sujet du procès intenté à Nîmes, à ce dernier?

R. — Voici tout ce que je sais et tout ce que j'ai entendu à cet égard. Quelques jours après le procès de Nîmes, vers le 24 ou le 25 novembre, je crois, M. Peyron, qui est un ami de mon mari, vint chez moi.

Le livre *Mes Dossiers* avait déjà paru et la conversation vint à ce sujet. Mon mari dit à M. Peyron : « Vous auriez bien pu laisser tout cela tranquille, qu'est-ce que vous êtes allé chercher? »

M. Peyron répondit alors ces paroles que je vous répète textuellement : « Mais M. Gilly ne risque rien; du reste, s'il risquait quelque chose, je prends tout sur moi, et j'irais en Cour d'assises à sa place s'il le fallait *(sic)*. » C'est là tout ce que j'ai entendu.

D. — M. Peyron n'a-t-il pas déclaré devant vous qu'il pourrait se procurer 10,000 fr. à la Banque Guédan pour payer les frais du procès?

R. — Je n'ai jamais entendu parler de cela.

D. — M. Gilly cependant l'a affirmé.

R. — Tout ce que je puis dire, c'est que je n'ai jamais rien entendu de semblable.

D. — M. Peyron n'a-t-il jamais fait devant vous allusion à quelque question pécuniaire, à quelque combinaison financière?

R. — Jamais.

Lecture faite, persiste et signe :

Signé : Mle MARTIN.
Signé : BERNÈS.
Signé : PEPIN.

L'an mil huit cent quatre-vingt-neuf, et le 17 janvier, par devant nous, Marius Bernès, juge d'instruction de l'arrondissement de Nîmes, assisté du commis-greffier, soussigné, procédant en vertu d'une commission rogatoire de notre collègue de la Seine, en date du 14 janvier 1889, a comparu Artigues Mathieu, employé au chemin de fer, rue de la Banque, 9, témoin cité par exploit de Mourgue, huissier, en date du 16 janvier, lequel nous a représenté la copie et a juré de dire la vérité, rien que la vérité.

J'habite rue de la Banque et non rue de l'Horloge, comme le porte mon assignation, mais c'est bien moi que vous avez à entendre, car M. Gilly m'a déjà prévenu que j'aurais à déposer comme témoin.

Voici ce que j'ai à dire : M. Peyron, que je connais très bien, m'a dit souvent, dans diverses conversations que j'ai eues avec lui, que M. Gilly n'avait rien à craindre, qu'il se chargeait de tous les frais, que, s'il fallait aller en Cour d'assises, il irait à la place de Gilly, et que, s'il fallait faire de la prison, c'est lui qui la ferait. Voilà tout ce que j'ai entendu.

D. — M. Peyron n'a-t-il pas précisé davantage en disant qu'il prenait tous les frais à sa charge? N'a-t-il pas ajouté, par exemple, qu'il avait un crédit de 10,000 fr. chez M. Guédan, banquier à Nîmes?

R. — Je n'ai jamais entendu M. Peyron tenir ce propos.

D. — A-t-il été tout au moins question des frais du procès?

R. — Il a dit qu'il prenait tout à sa charge. Je ne puis en dire davantage.

Confrontation.

Nous faisons introduire M. Peyron que nous mettons en présence du témoin ci-dessus et nous lui posons la question suivante :

Vous avez déclaré au témoin, après la publication de l'ouvrage *Mes Dossiers,* que Gilly n'avait rien à craindre, que vous répondiez de tout, que vous iriez en Cour d'assises pour lui, s'il le fallait, etc. Qu'avez-vous voulu dire?

R. — On a attaché à ces paroles beaucoup plus d'importance qu'elles n'en méritent. Que j'aie dit que j'étais prêt à encourir la responsabilité des actes que j'avais faits; que j'aie dit même que Gilly n'avait rien à craindre, cela est possible; je ne croyais réellement pas que la publication du livre ait des conséquences aussi graves que celles qui se sont produites; je pensais, en un mot, qu'on ne ferait pas de procès à Numa Gilly et que, par suite, il ne risquait rien.

Je n'ai jamais donné aucune importance à ces paroles; je ne voudrais donc pas qu'on leur donnât plus de portée qu'elles en ont.

Le témoin intervient et dit : Je crois que c'est bien là, en effet, ce que M. Peyron pensait lorsqu'il a prononcé les paroles que j'ai répétées, et je suis certain qu'il ne prévoyait pas à ce moment toutes les conséquences de la publication de l'ouvrage.

Lecture faite, persiste et signe.

Signé : ARTIGUES.

Signé : PEYRON.

Signé : BERNÈS.

Signé : PEPIN.

L'an mil huit cent quatre-vingt-neuf et le dix-sept janvier,

Par-devant nous, Marius Bernès, juge d'instruction de l'arrondissement de Nîmes, assisté du commis-greffier soussigné, procédant en vertu d'une commission rogatoire de notre collègue de la Seine, en date du 14 courant, a comparu Gilly (Hippolyte), vingt-sept ans, foudrier, demeurant à Nîmes, rue Henri-IV, témoin cité par exploit de Mourgues, huissier, en date du 16 janvier, lequel nous a représenté la copie et a promis de dire la vérité, rien que la vérité, fils du prévenu.

Il est inutile que vous m'interrogiez, parce que je ne sais absolument rien.

D'abord, parce que je suis étranger à tout ce qui s'est passé à l'occasion du procès intenté à mon père à Nîmes; ensuite, parce qu'étant marié, je ne vis pas dans sa maison. Je travaille, il est vrai, dans son atelier; mais, suivant l'ordre de mon père, on n'y parle jamais politique *(sic)*.

Vous pourriez me poser cent questions que je n'aurais rien à y répondre.

Lecture faite, persiste et signe.

Signé : Bernès.

Signé : H. Gilly.

Signé : Pepin.

L'an mil huit cent quatre-vingt-neuf et le dix-huit janvier,

Par-devant nous, Marius Bernès, juge d'instruction de l'arrondissement de Nîmes, assisté du commis-greffier soussigné, procédant en vertu d'une commission rogatoire du 14 janvier, émanant de notre collègue de la Seine, a comparu Bonnet (Paul), trente et un ans, avoué près la Cour de Nîmes, y demeurant, témoin cité par exploit de Mourgues, huissier, en date du 17 janvier, lequel nous a représenté la copie et a juré de dire la vérité, rien que la vérité, et n'être point parent, allié, serviteur ni domestique des prévenus.

M. Salis, dont je suis le compatriote et l'ami, m'avait chargé de recouvrir sa taxe, s'élevant à la somme de 202 fr. 50. Je remis cette taxe au famulus de la Cour et le chargeai de se rendre chez M. Numa Gilly pour en opérer le recouvrement. M. Gilly répondit ou fit répondre au famulus de s'adresser à M. Peyron. Le famulus se rendit alors chez ce dernier, qui, après avoir su qu'il venait de ma part, lui répondit : « Je verrai M. Bonnet ce soir. »

Ceci se passait dans les derniers jours de novembre; je n'ai pas la date présente à l'esprit. En tout cas, c'était plusieurs jours après l'apparition du livre *Mes Dossiers*. M. Peyron, que je vis peu après la commission faite par le famulus, me dit : « Nous n'avons pas de fonds en ce moment; j'en attends de Savine; dès qu'ils seront arrivés, je vous paierai. » Je transmis cette réponse à M. Salis. Il me répondit le 7 décembre, en me demandant si je l'autorisais à publier la réponse de M. Peyron. Pour bien être certain de ce que j'avais à lui répondre, j'écrivis à M. Peyron la lettre suivante, qui figure sur mon copie de lettres, au folio 266, que je vous représente et dont je vous prie de prendre la copie textuelle :

« 8 décembre 1888.

» Mon cher Ami,

» Vous savez que mon compatriote, Me Salis, m'a prié de vouloir bien me charger d'encaisser sa taxe à témoins. Vous m'aviez répondu d'attendre quelques jours, jusqu'à ce que vous ayez reçu des fonds de l'éditeur Savine.

» Je reçois une nouvelle lettre de Salis me demandant si je suis réglé ou bien à quelle date approximative je compte l'être. Puis-je lui répondre qu'il peut être parfaitement tranquille et que vous me payerez vous-même dès que Savine vous aura fait parvenir les fonds attendus?

» Mille amitiés et bien à vous.

» Signé : P. Bonnet. »

Je fis porter cette lettre à Peyron, qui dit ce seul mot au porteur : « Oui. » Le 10 décembre au matin, Peyron vint chez moi et il me dit qu'il n'était pas encore en mesure de payer M. Salis. Il me pria, au nom de M. Gilly, de télégraphier à M. Salis que j'étais payé et il ajouta: « C'est là un service que je vous demande; vous pouvez vous considérer comme payé et je vous réponds que vous le serez d'ici à quelques jours. Vous connaissez ma position, je ne puis pas vous donner les fonds moi-même, mais si vous voulez un billet je vous le ferai. » Je lui répondis que c'était inutile. Je télégraphiai à M. Salis suivant son désir et j'écrivis à M. Gilly ma lettre du 10 décembre, que vous avez entre les mains, et qui débute par ces mots : « Ainsi que me l'a demandé en votre nom mon ami Peyron..... »

J'étais donc bien convaincu que Peyron venait au nom de Numa Gilly. Le lendemain 11 décembre, M. Gilly fit paraître, dans le journal la France, sa lettre de rétractation à Me Laguerre.

C'est cette lettre qui a motivé celle que j'ai adressée à M. Numa Gilly le 13 décembre, et que je lui envoyai moi-même par pli recommandé à l'hôtel de France, où je croyais qu'il se trouvait. Je ne reçus de réponse que le 18 décembre. Je vous remets cette lettre de M. Numa Gilly, vous y verrez notamment ces mots : « Je m'acquitterai en rentrant à Nîmes. » Le même jour, je trouvai en entrant chez moi, je m'explique, c'est la veille, car la lettre de Numa Gilly ne m'arriva que le 19, un billet que M. Peyron avait laissé chez moi en mon absence. J'appelle votre attention sur la dernière phrase de ce billet qui est ainsi conçue : « Pour le surplus, M. Bonnet devra s'adresser à M. Numa Gilly lui-même. »

Je répondis à Peyron, que je trouvai le soir dehors, que je le verrais le lendemain à deux heures; mais le lendemain, ayant reçu la lettre de Numa Gilly, je répondis à Peyron par écrit que les fonds qu'il m'avait offerts la veille devenaient sans emploi puisque M. Numa Gilly m'annonçait le remboursement de la somme avancée par moi. Je dois à la vérité de déclarer que je n'ai reçu de fonds de personne et que je me trouve encore à découvert de l'avance que j'ai faite par complaisance pour les personnes en jeu, qui toutes sont mes amis.

De ce qui précède, j'ai acquis la conviction que M. Gilly et M. Peyron étaient d'accord pour l'emploi des fonds que devait fournir M. Savine, afin de parer aux frais du procès. Cela me paraît résulter des lettres mêmes que j'ai reçues de ces deux personnes et en outre des conversations que j'ai eues avec Peyron lui-même. Ce dernier m'a toujours dit que, d'accord avec Gilly, il comptait sur l'envoi des fonds de Savine, et je permettrai même de faire l'observation suivante : Si l'ouvrage *Mes Dossiers* avait produit de plus grands bénéfices, si la vente n'avait pas été brusquement arrêtée après la lettre concernant Chirac, parue dans le journal *le Matin;* si, enfin, Numa Gilly ne s'était pas trouvé aux prises avec des difficultés d'argent très graves, je ne crois pas qu'il se fût élevé, entre lui et Peyron, le différend qui a surgi. Numa Gilly ne m'a jamais parlé d'une façon explicite de la question pécuniaire résultant de la publication de l'ouvrage *Mes Dossiers,* mais il m'a toujours semblé, je ne puis que le répéter, qu'il était d'accord pour cette question avec Peyron. J'ai même pris le soin, dans ma lettre à Numa Gilly du 10, de lui écrire que M. Peyron s'était présenté chez moi en son nom. Or, dans sa réponse, M. Gilly se contente de me dire qu'il m'acquittera en rentrant à Nîmes, et ne désavoue nullement M. Peyron.

Confrontation.

Nous faisons introduire M. Peyron, et, après lui avoir présenté son billet du 18 décembre, laissé par lui chez le témoin, nous lui demandons de s'expliquer sur la phrase qui termine ce billet et qui est ainsi conçue: « Pour le surplus, M. Bonnet devra s'adresser à M. Numa Gilly lui-même. »

M. Peyron déclare :

« Il y a eu deux phases dans mes relations avec M. Numa Gilly et, par suite, deux phases dans mes rapports vis-à-vis de M. Bonnet. Jusqu'au 10 décembre, j'ai été l'homme de confiance, le mandataire avéré de M. Numa Gilly. Après cette époque, mon rôle a complètement changé, et cela se comprend après le désaveu public qui m'a été infligé. Donc, dans mes rapports avec M. Bonnet, en ce qui concerne la taxe Salis, j'ai agi au nom de M. Numa Gilly, dont l'affaire était en quelque sorte devenue la mienne, je veux dire que je l'avais prise à cœur. Après la lettre à Laguerre, j'ai compris qu'il ne pouvait plus rien y avoir de commun entre M. Gilly et moi ; et c'est pour cela que j'ai écrit à M. Bonnet de s'adresser à M. Gilly lui-même pour ce qui pouvait être dû à M. Bonnet.

» J'ajouterai aussi que je ne pouvais plus compter sur les fonds de M. Savine, puisque les rapports entre M. Gilly et cet éditeur étant rompus, ils l'étaient également entre cet éditeur et moi. »

M. Bonnet intervient et dit :

« Je puis affirmer que M. Peyron s'est toujours présenté à moi au nom et comme le mandataire de M. Gilly, et que rien dans l'attitude ni les paroles de ce dernier ne me permet de dire qu'il ait désavoué M. Peyron aussi bien avant l'apparition de l'ouvrage que plusieurs jours après sa publication. »

Lecture faite, persistent et signent :

Signé : P. BONNET.
Signé : PEYRON.
Signé : BERNÈS.
Signé : PEPIN.

Deux lettres remises par Mᵉ Bonnet, avoué, à M. le Juge d'instruction de Nîmes, à l'appui de sa déposition du 18 janvier 1889.

Paris, le 18 décembre 1888.

MONSIEUR BONNET, avoué à Nîmes,

Je réponds tardivement à votre honorée du 10 courant, pour vous remercier du service que vous venez de me rendre et dont je m'acquitterai en rentrant à Nîmes ; et si, par une circonstance inattendue, mon séjour à Paris devait se prolonger, je donnerais des ordres pour que, fin courant, vous soyez remboursé.

Jeudi dernier, nous dînâmes avec Laguerre chez lui ; il fut question de vous, et il me pria, en vous écrivant, de vous envoyer une bonne poignée de main. Il est actuellement à Alger et sera de retour vendredi.

Recevez, cher Monsieur, l'expression de mes meilleurs sentiments.

:Signé : N. GILLY.

Nîmes, le 18 décembre 1888.

Mᵉ Peyron regrette de ne pas rencontrer Mᵉ Bonnet ; il venait lui apporter 106 fr. 75 qui restaient encore entre ses mains des 3,000 fr. à lui envoyés par M. Savine. Pour le surplus, Mᵉ Bonnet devra s'adresser à Numa Gilly lui-même.

Signé : Élie PEYRON.

L'an mil huit cent quatre-vingt-neuf et le dix-huit janvier, nous, Moiteaux (Paul-Eugène), commissaire central de police de la ville de Nîmes (Gard), officier de police judiciaire, auxiliaire de M. le Procureur de la République, agissant en vertu d'une délégation de M. le Juge d'instruction de Nîmes, en date du 18 de ce mois, nous sommes rendu au bureau des postes et télégraphes, pour rechercher à quelle date a été retournée à Nîmes une lettre dont nous avons représenté l'enveloppe à M. le Receveur principal des postes, à qui elle a été remise et qui en a donné reçu.

M. le Receveur principal a aussitôt prescrit des recherches, à la suite desquelles il nous a donné les renseignements suivants : « La lettre recommandée, expédiée de Nîmes le 13 décembre 1888 à l'adresse de M. Numa Gilly, député, 7, rue Monthyon, Paris, est rentrée à Nîmes le 16 du même mois et a été remise au destinataire le même jour à neuf heures du matin contre récépissé.

Fait et clos à Nîmes, les jours, mois et an que dessus.

Le Commissaire central,
MOITEAUX.

L'an mil huit cent quatre-vingt-neuf et le dix-huit janvier, par devant nous, Marius Bernès, juge d'instruction de l'arrondissement de Nîmes et assisté du commis-greffier soussigné, procédant en vertu d'une commission rogatoire de notre collègue de la Seine, en date du 14 courant, a comparu M. Bertrand, déjà interrogé, concierge à l'abattoir de Nîmes, témoin cité par exploit de Mourgue, huissier, en date du 18 janvier, lequel nous a représenté la copie et a juré de dire la vérité, rien que la vérité et n'être point parent, allié, serviteur ni domestique des prévenus.

Je ne puis que maintenir ce que j'ai dit devant M. le Juge d'instruction de Bordeaux, au sujet d'une conversation à laquelle j'ai assisté et au cours de. laquelle M. Gilly a dit à M. Peyron ces paroles : « Vous prétendiez avoir 10,000 fr. chez M. Guédan, je l'ai cru. » Je puis préciser. Cette conversation a eu lieu chez M. Gilly, dans son salon, où se trouvaient à ce moment M. Martin, M. Peyron, M. Gilly et moi. Dans la maison était aussi M. Chirac, qui se trouvait dans une pièce éloignée, en train, je crois, d'écrire.

M. Martin, s'adressant à M. Peyron, lui dit : « Les témoins vont venir se faire payer, il nous faut des fonds ; vous n'auriez qu'à aller chez Guédan pour en avoir. » M. Peyron ne répondit pas et se contenta de soulever les épaules. M. Gilly prenant alors la parole prononça les mots que je vous ai rapportés, mais je crois qu'au lieu de dire : « Vous prétendiez avoir, » il a dit en réalité : « Vous prétendiez pouvoir disposer de... » Sur ces mots, M. Gilly est parti et est allé rejoindre, je crois, M. Chirac.

Je ne puis fournir d'autres renseignements sur ce qui s'est passé entre M. Gilly et M. Peyron au sujet de l'argent envoyé par Savine ; mais je dois réparer un oubli que j'ai fait dans ma déposition à Bordeaux, savoir que M. Gilly comptait beaucoup sur le produit de la souscription ouverte pour parer aux frais du procès. Cette souscription n'a presque rien produit et M. Gilly fut déçu dans ses espérances.

Confrontation.

Nous faisons introduire M. Peyron et nous lui donnons connaissance de la déposition du témoin.

Il déclare :

Je me souviens que je me suis trouvé chez M. Gilly, le lundi 19 novembre, à l'heure qu'indique le témoin ; mais je ne me souviens pas de la conversation dont il parle. Je ne conteste pas cependant le fait d'une façon formelle, et en effet le haussement d'épaules que le témoin a remarqué de ma part au cours de cette conversation est significatif et il exprime bien le sentiment que j'ai dû éprouver en entendant les paroles prononcées par M. Martin et confirmées par M. Gilly.

Que j'aie pu dire à ce dernier qu'au besoin je pourrais obtenir un certain crédit de M. Guédan, banquier à Nîmes, le fait est possible, et du reste c'est ce qui a eu lieu ; mais M. Gilly savait très bien que ce crédit ne pouvait être que modéré et temporaire, car il connaissait ma situation pécuniaire. Ce que je nie formellement, c'est d'avoir affirmé à Gilly que je pouvais disposer d'un crédit de 10,000 francs chez M. Guédan.

M. Bertrand intervient. Ce que je puis affirmer, c'est que M. Gilly a précisé et qu'il a indiqué le chiffre de 10,000 francs.

Lecture faite, persistent et signent.

Signé : P. BERTRAND.
Signé : Élie PEYRON.
Signé : BERNÈS.
Signé : PEPIN.

L'an mil huit cent quatre-vingt-neuf et le dix-huit janvier, par-devant nous, Marius Bernès, juge d'instruction de l'arrondissement de Nîmes, assisté du commis-greffier soussigné,

Procédant en vertu d'une commission rogatoire de notre collègue de la Seine, en date du 14 courant, a comparu François Gilly, trente ans, demeurant à Nîmes, témoin cité par exploit de Mourgue, huissier, en date du 17 janvier, lequel nous a représenté la copie et a juré de dire la vérité, rien que la vérité, fils du prévenu Gilly.

Mon père m'a tenu toujours éloigné de ses affaires politiques et je n'ai jamais cherché à m'en occuper. Je m'occupe exclusivement de mon travail et je vous affirme que je me trouve dans l'impossibilité la plus absolue de vous fournir le moindre renseignement; notamment sur le différend qui s'est élevé entre M. Peyron et lui.

J'ai vu souvent M. Peyron à la maison, mais quand il avait à parler des affaires qui concernent mon père, il s'enfermait avec lui dans son cabinet, de telle sorte que j'ai toujours ignoré ce qui s'est dit et ce qui s'est fait.

J'ai à vous dire que ma mère se trouve dans l'impossibilité de comparaître devant vous, ainsi que vous l'y aviez invitée, son état maladif, constaté par le certificat médico-légal que je vous remets, ne lui permet même pas de répondre aux questions que vous pourriez lui adresser.

Lecture faite, persiste et signe.

Signé : GILLY fils.
Signé : BERNÈS.
Signé : PEPIN.

Extrait du journal l'*Union des travailleurs,* du jeudi 22 novembre 1888 :
Mes Dossiers, par Numa Gilly.

Aujourd'hui paraît à Paris, chez l'éditeur Savine, 18, rue Drouot, l'ouvrage annoncé déjà par nos confrères et contenant un certain nombre de pièces et documents dont M. Gilly comptait faire usage aux débats de la Cour d'assises si ces débats n'avaient pas été étouffés. L'ouvrage se compose de cinq parties.

Primo : Une courte introduction de M. Numa Gilly sous forme de lettre à son éditeur.

Secundo : Une préface savante et de haute philosophie sociale due à la plume d'Auguste Chirac, le Drumont républicain socialiste, l'auteur de *la Haute Banque et les Révolutions,* des *Rois de la République de l'agiotage,* etc., qui aurait été le pivot de l'accusation contre les concussionnaires qui exploitent la République et qui, nous tenons à le dire, pour couper court à tous les commérages de nos ennemis, nous a fourni les éléments les plus précieux de notre défense.

Tertio : Une biographie de Numa Gilly, par son avocat, M. Élie Peyron.

Quarto : La liste des documents.

Quinto : Le compte rendu des débats.

Cet ouvrage nous paraît appelé à un immense retentissement.

Extrait du journal *l'Union des travailleurs,* du 28 novembre 1888 :

Déclaration de M. Numa Gilly.

C'est à mon insu et dans un intérêt que j'ignore, que l'éditeur Savine a inscrit au dos de l'ouvrage dont je lui ai confié la publication, une réclame en faveur du livre de Drumont, *la Fin d'un monde.*

Non content de faire figurer en gros caractères le titre de cet ouvrage, il y a joint une appréciation antirépublicaine d'un journal réactionnaire. Je proteste avec indignation contre cette manœuvre. Je n'entends pas être la victime d'une spéculation inavouable, et j'exige la suppression de ce factum que je considère comme une injure pour un homme qui a tout sacrifié aux intérêts de la République.　　　　Signé : Numa GILLY, *député.*

Le *Petit républicain du Midi* laisse entendre que la vente de *Mes Dossiers* pourrait bien enrichir M. Numa Gilly.

Malgré la déclaration qui est en tête de l'ouvrage et où il est dit que le montant des droits d'auteur servira uniquement à payer les frais du procès, ce journal lance une insinuation odieuse qui révoltera tous les citoyens qui connaissent le maire de Nîmes.

Que notre confrère sache, une fois pour toutes, que l'argent de la souscription comme celui provenant de la vente du livre sera versé intégralement entre les mains de M. Allemand, conseiller municipal; que M. Numa Gilly ne permettra pas qu'un seul centime passe par ses mains et que quand l'affaire sera terminée, M. Allemand produira les comptes. Le reliquat sera affecté à une œuvre démocratique.

Si notre confrère n'est pas complètement aveuglé par la passion politique, il s'empressera de rectifier son assertion.

Nous savons toutes les haines qu'a déchaînées l'affaire Gilly, nous savons les cris de rage et de mort qui sont poussés par les chacals en train de dévorer le corps de la France que M. Gilly a dérangés dans leur œuvre de destruction; nous n'ignorons pas le plan de nos ennemis : ruiner l'honnête homme qui les a démasqués, l'abreuver de dégoûts et de douleurs, jusqu'à ce que, meurtri et épuisé, il s'affaisse sur ce triste calvaire qu'on veut lui faire gravir.

Mais le peuple est là frémissant de voir un de ses plus dignes représentants ainsi maltraité par une honteuse coalition de tous les appétits, et le moment n'est pas éloigné peut-être où il se lèvera et viendra venger Numa Gilly de toutes les ignominies dont on l'accable.

Signé : E. P.

Lettre de Chirac adressée à Mme Marthe Arnaud, 11, rue Ménars, Nîmes, remise par Peyron.

Paris, le 8 novembre 1888, matin.

MON CHER AMI,

Vous devez maintenant avoir terminé les actes de procédure, listes de témoins, notifications de pièces, grâce à tous les renseignements qui ont été concentrés vers vous de Paris et d'Alger.

A mon avis, entre autres témoins éloignés, ceux que je vous ai fait citer d'accord avec Gilly, empêcheront que l'affaire ne vienne le 16 ou le 17. Mais il faut se garder contre toute surprise, et surtout nous rappeler qu'il y a une question de simple probité à être exacts envers Savine. Entre parenthèse, permettez-moi de vous dire qu'il est désormais inutile, quand vous lui écrivez, de signer autrement que votre nom.

Il faut donc d'urgence exécuter le volume, lequel devra être définitivement composé comme suit :

Primo. — Échange de lettres entre Savine et Gilly.

Secundo. — Ma préface.

Tertio. — Votre portrait de Gilly (quinze ou vingt pages) et un exposé très succinct (quatre ou cinq pages au plus des origines de l'affaire).

Quarto. — Une introduction par Gilly.

Quinto. — Une série de documents.

D'accord avec Savine et avec Gilly, voici quel devra être l'échange de correspondance :

A Monsieur Numa Gilly, député.

Monsieur, vous avez entrepris une œuvre honnête qui doit prendre place dans l'histoire de ce siècle ; or, vous le savez, les paroles s'envolent, mais les écrits restent ; c'est pourquoi je viens vous proposer de publier, dans un volume intitulé : Numa GILLY, *Mes Dossiers*, les documents que vous produisez devant la Cour d'assises du Gard.

Étant informé par vos amis qu'il vous répugnerait de tirer un profit personnel de la vente de cet ouvrage, je me tiens à votre disposition pour donner aux sommes qui représenteraient vos droits d'auteur telle destination que vous jugerez convenable.

Veuillez agréer, etc.   Signé : SAVINE.

A Monsieur Savine, éditeur.

Monsieur, sur le conseil de mes amis, Elie Peyron et Auguste Chirac, j'accepte votre proposition parce que j'estime que, comme vous le dites, les écrits seuls demeurent et instruisent plus longtemps que ne fait la parole.

Mes Dossiers ne sont pas autre chose que les lettres, documents et témoignages qui sont venus de toutes parts corroborer ce que j'avais déjà observé dans le cours de ma vie parlementaire ; je crois les devoir à l'opinion publique.

Quant aux droits d'auteur dont vous me parlez, et que je vous laisse le soin de fixer, je crois que le mieux sera de les verser à la souscription publique qui, suivant les usages démocratiques, va être ouverte pour parer aux frais extrêmement onéreux du procès qui m'est intenté.

Veuillez agréer, etc.   Signé : Numa GILLY.

Telle serait la correspondance publique, mais comme détails d'exécution vous savez comme moi qu'il faut que le volume soit prêt et tiré le jour même où commenceront les débats.

Je passe sur ce qui sera ma préface sur votre portrait de Gilly et votre introduction. Tout en vous signalant que le livre étant signé : Numa Gilly, le portrait que vous tracerez devra être préparé par vous d'une façon particulière.

L'introduction de Gilly devra être, en deux ou trois pages, le développement de ce thème : **Mes Dossiers**, ce sont les témoignages de tout le monde ;

je dois à l'honnêteté publique ce que l'honnêteté publique m'a donné, je le dois aussi aux fouilleurs comme Chirac et Drumont.

Le tout assaisonné à la façon bonhomme et franche dont parle Numa Gilly.

Enfin, j'arrive aux documents qui devront à eux seuls occuper les deux tiers du volume, ce qui signifie que tout ce qui précède doit tenir dans le tiers, soit cent pages au plus.

Je m'occupe de coordonner ce que j'ai et de faire faire des copies, mais il est absolument indispensable que vous m'envoyiez tout de suite tout ce que vous avez reçu d'Alger et de tous les autres côtés, afin que je fasse copier tout ce qui devra figurer dans le volume en le coordonnant avec ce que j'ai. Il n'y a pas une minute à perdre et mes télégrammes n'ont pas été satisfaits sur ce point. Je vous le répète, l'exactitude est ici un devoir absolu et l'absence des pièces et documents que vous avez me paralyse complètement.

Il est entendu d'ailleurs que, quoi qu'il arrive, tout le dossier documentaire ayant servi au volume vous sera rapporté à temps pour soutenir les débats.

Ce serait, pour nos engagements envers Savine, un très grand malheur si l'affaire venait le 16 ou le 17, car nous lui ferions perdre très probablement tous les avantages de sa combinaison en échange du concours qu'il nous a si généreusement prêté.

J'ai vu Numa Gilly ce mercredi soir à sept heures; il est parfaitement décidé à ne pas aller à Nîmes, à moins que ce soit pour se présenter le 16 ou le 17 devant la Cour d'assises. Donc, bornez-vous à préparer votre procédure et votre plaidoyer, et mettez-moi à même immédiatement de composer la partie documentaire.

J'ai vu Drumont, qui met à votre disposition tout le dossier en question. Je vous prépare également un questionnaire, afin que vous puissiez m'interroger comme témoin avec ordre et précision. J'attends votre manuscrit personnel et tout le bloc des documents pour le volume.

Cordialement à vous.

Signé : Auguste CHIRAC.

P. S. — Je ne reçois plus l'*Union des Travailleurs*.

L'an mil huit cent quatre-vingt-neuf, et le 19 janvier, par-devant nous, Marius Bernès, juge d'instruction de l'arrondissement de Nîmes, assisté du commis-greffier, soussigné, procédant en vertu d'une commission rogatoire de notre collègue de la Seine, en date du 14 courant, a comparu Ernest-G. Arnaud, âgé de vingt-cinq ans, associé de la Maison Guédan et Cᵉ, banquiers à Nîmes, témoin qui comparaît sur notre invitation, lequel a juré de dire toute la vérité, rien que la vérité, et n'être point parent, allié, serviteur ni domestique des prévenus.

Le 22 novembre dernier, M. Élie Peyron est venu nous demander de lui prêter une somme de 2,300 fr. jusqu'au 15 décembre suivant, nous disant qu'il avait besoin de cette somme pour obliger un ami. Il a souscrit un billet qui a été payé à son échéance.

Nous sommes en relations commerciales avec le père de M. Élie Peyron, c'est à ce titre que je connais son fils et que nous lui avons rendu le service personnel qu'il nous demandait.

Vous me demandez si M. Élie Peyron possède personnellement un certain crédit et si nous lui aurions avancé, sur sa demande, une somme de 10,000 fr. Je ne puis répondre catégoriquement, car si cette demande avait été faite, elle demandait réflexion, et j'aurais dû consulter mon père, qui est le chef de la maison, avant de l'accepter.

Mais je dois dire que M. Élie Peyron, tout en présentant toutes les garanties désirables de moralité et d'honorabilité, n'a d'autre crédit que celui que son père consentirait à garantir.

Je ne sais pas ce qu'il peut avoir eu dans son contrat de mariage : j'en ignore l'importance.

Lecture faite, persiste et signe :

> Signé : ARNAUD.
> Signé : BERNÈS.
> Signé : PEPIN.

L'an mil huit cent quatre-vingt-neuf et le vingt-quatre janvier, par-devant nous Marius Bernès, juge d'instruction de l'arrondissement de Nîmes, assisté du commis-greffier soussigné, procédant en vertu d'une commission rogatoire en date du 16 janvier, de notre collègue de la Seine, a comparu Merle (Henri), cinquante-cinq ans, ancien secrétaire de M. Gilly, demeurant à Nîmes, témoin qui comparaît sur notre invitation, lequel nous a représenté la copie et a juré de dire la vérité, rien que la vérité, et n'être point parent, allié, serviteur ni domestique des prévenus.

Je me présente devant vous sur la demande de M. Numa Gilly, dont j'ai été secrétaire à la Mairie de Nîmes; M. Gilly ne m'a jamais parlé de l'ouvrage paru sous son nom, et ce n'est que le lendemain du procès (18 novembre) que j'ai connu l'existence de ce livre. J'en ai été très étonné, car M. Gilly, qui cependant causait très librement avec moi, ne m'en avait

jamais parlé, je le répète. C'est moi qui ouvrais le courrier particulier de
M. Gilly, mais, suivant l'ordre de ce dernier, je transmettais à M. Peyron tout
ce qui était relatif au procès, et même la plupart du temps M. Peyron m'as-
sistait dans le dépouillement du courrier et gardait tout ce qui avait trait
à l'affaire dont il s'occupait. Je n'ai aucune connaissance d'un traité relatif
aux droits d'auteur devant provenir de l'ouvrage *Mes Dossiers.*

J'ai cherché dans tous les papiers de M. Gilly ce traité qui, d'après ce que
M. Peyron lui aurait déclaré, se trouverait entre ses mains. Je ne l'ai pas
trouvé, et la seule pièce qui se rapporte à cette affaire est une lettre signée :
Chirac, datée de Paris 22 novembre et adressée à Peyron, que ce dernier m'a
remise et au bas de laquelle il est question d'un traité et des droits qu'il
devait rapporter.

Cette lette m'a été remise à moi-même par M. Peyron dans le cabinet de
la Mairie, et il m'a dit : « Voilà une lettre que m'adresse Chirac et qui inté-
resse M. Gilly. »

J'ai placé cette lettre dans mon tiroir et je ne me rappelle pas si j'en ai
parlé ou non à M. Gilly. J'affirme que c'est le seul document ayant trait à ce
traité dont j'aie eu connaissance et qui ait été en ma possession.

Le témoin nous remet cette lettre et son enveloppe, et nous lui déclarons
que nous la saisissons comme pièce à conviction.

Confrontation.

Nous faisons introduire l'inculpé Peyron et nous lui donnons lecture de la
déposition qui précède.

M. Peyron déclare : Vous me représentez la lettre que Chirac m'a adressée
le 22 novembre, c'est bien moi qui l'ai remise à M. Merle, le 4 ou le 5 décembre
dernier, je crois, dans le cabinet de la Mairie.

M. Merle. — Pardon, vous m'avez remis cette lettre bien avant, le 25 ou
le 26 novembre, je crois, et la preuve, c'est que M. Gilly a été suspendu le
4 décembre et que ce jour-là, pas plus que les suivants, il n'a remis les
pieds à la Mairie.

M. Peyron. — Alors, je me trompe, au lieu d'être le 4 décembre, c'est le 3;
en tous cas, c'était à la Mairie et presque à la veille de son départ.

Maintenant, j'ajoute : J'ai remis à M. Gilly lui-même, et dans le même
moment, le traité original qu'il a gardé et emporté, désirant l'avoir, me
dit-il, pour s'assurer à Paris que l'éditeur ne le volait pas *(sic).*

J'allai lui remettre aussi la lettre de Chirac, en lui observant que cette
lettre contenait la rectification apportée au traité primitif, en ce qui concernait

les droits de d'Alavène, qui est désigné dans cette lettre sous son nom d'emprunt : Walter. M. Merle dit alors : « Je vais garder cette lettre, puisqu'elle est comme le duplicata du traité, le premier pouvant s'égarer. »

Je la lui remis et il la plaça dans son tiroir, mais le premier traité est resté entre les mains de M. Gilly et il doit l'avoir encore.

M. Merle. — Je ne me souviens pas du tout de cela, je n'ai jamais entendu parler du traité original qui se trouverait entre les mains de M. Gilly, je n'ai connaissance que de la lettre que j'ai remise.

M. Peyron. — Rappelez vos souvenirs, vous étiez présent à tous ces faits.

M. Merle. — Je ne m'en souviens nullement.

Lecture faite, persistent et signent :

> Signé : MERLE.
> Signé : Élie PEYRON.
> Signé : BERNÈS.
> Signé : PEPIN.

Lettre adressée par Chirac à Peyron et remise par ce dernier à Merle.

Paris, le 22 novembre 1888.

MON CHER AMI,

Dès hier, Savine s'est préparé à vous faire un envoi, peut-être même est-il parti malgré le tohu-bohu qui l'entoure, à l'occasion des innombrables demandes du volume. Je vais de ce pas lui communiquer votre dépêche.

Il est absolument indispensable que Numa Gilly trouve l'occasion, avant de partir de Nimes, de faire une déclaration nettement antiboulangiste, c'est-à-dire jetant à l'eau carrément Boulanger et son entourage, comme étant de simples flibustiers.

Qu'il dise, par exemple, Philippe, Victor, Ferry, Boulanger, autant de Catilina ou de Verrès, entourés d'une horde de jouisseurs.

Malgré les colères qu'il a soulevées, il pourra à ce prix faire sa rentrée à la Chambre, en imposant silence aux gueulards et même recueillir pour les socialistes le prix de son honnête et courageuse campagne.

Alors, et dès son entrée, il déposera la proposition de la Commission d'enquête que vous savez, en faisant remarquer qu'elle vise tous les anciens ministres, y compris Boulanger. La recommandation que je viens de vous prier de transmettre à Numa Gilly est d'une telle nécessité, que je n'hésite pas à vous dire que je la considère comme obligatoire, sous peine de mort.

Malgré tout ce qu'il y a dans le volume contre Boulanger, je me rends compte, depuis mon retour à Paris, qu'il faut accentuer.

En outre, il faut que Numa Gilly trouve un joint pour refuser radicalement de paraître à aucune réunion publique, quelle qu'elle soit.

Il est très heureux qu'il n'ait pu partir avec moi, ayant promis d'assister au meeting organisé par le *Cri du Peuple*.

Quant à moi, qui ai été l'occasion d'une scène au Conseil municipal, où l'on m'a accusé d'être un boulangiste honteux, je suis bien résolu à pousser ferme contre Boulanger.

Daumas a failli avoir un duel à cause de moi, et il n'a fallu rien moins que l'évidence de mes anciens écrits pour réduire au silence ceux qui m'accusaient de boulangisme.

Veuillez écrire une lettre au journal le *Parti ouvrier*, 8, rue du Croissant, pour déclarer qu'on vous accuse à tort de faire partie de l'Armée du Salut, pour faire cesser le malentendu, en déclarant que c'est votre père; en déclarant aussi que, parti du socialisme modéré, vous êtes entré carrément dans les rangs des socialistes révolutionnaires, et enfin que vous êtes antiboulangiste.

Le jour où vous enverrez cette lettre, déposez-en un exemplaire entre mes mains.

Indiquez, dans une phrase courtoise, que vous ne faites qu'user du droit de rectification que vous concède la loi de 1881. Je termine en vous recommandant, non pas le courage, vous en avez, mais du sang-froid et du calme.

Veuillez serrer la main de ma part à Numa Gilly et présenter mes respects à toute sa famille.

A vous une cordiale poignée de mains et mes respectueux souvenirs à Mme Peyron.   Signé : CHIRAC.

P. S. — 1° Avisez-moi à la campagne de l'heure exacte du départ de Gilly pour Paris.

2° Je vous rappelle, pour votre gouverne, que le traité d'édition alloue 40 centimes par exemplaire sur les dix premiers mille; 50 centimes de 10 à 20,000; 60 centimes de 20 à 30,000, et 75 centimes de 30,000 et au-dessus; seulement, il y 25 centimes qui vont à Walter, et même un peu plus, sur la masse, pour tenir votre promesse.

L'an mil huit cent quatre-vingt-neuf et le vingt-quatre janvier,

Par-devant nous, Marius Bernès, juge d'instruction de l'arrondissement de Nîmes, assisté du commis-greffier soussigné, procédant en vertu d'une commission rogatoire de M. le Juge d'instruction de la Seine, en date du

16 janvier 1889, a comparu Allemand, déjà entendu, témoin qui comparut
sur notre invitation, lequel a juré de dire la vérité, rien que la vérité, et
n'être point parent, allié, serviteur ni domestique des prévenus.

D. — Vous nous avez parlé, dans une de vos précédentes dépositions,
d'une conversation qui a été tenue, en votre présence, le 18 novembre dernier, entre MM. Gilly, Peyron, Chirac et d'autres, dans une promenade
faite en commun à la Tour-Magne. Vous rappelez-vous qu'au cours de cette
conversation, M. Gilly ait reproché à M. Peyron et Chirac de l'avoir trompé,
et ait enjoint au premier d'envoyer à Savine une lettre confirmant le télégramme qui contremandait l'apparition du livre?

R. — Je n'ai pas entendu M. Gilly dire à MM. Peyron et Chirac qu'il avait
été trompé par eux; mais je me souviens fort bien qu'il s'est opposé de la
façon la plus absolue à ce que l'ouvrage fût publié et qu'il a donné ordre
à M. Peyron d'écrire à Savine pour confirmer la dépêche du matin. M. Peyron a dit : « Nous allons faire le nécessaire, nous allons enlever tout ce qu'il
y a de compromettant; il n'y a du reste rien à craindre. »

Je doute même que M. Gilly ait pu entendre cette réponse de M. Peyron,
car il s'était retiré pour cacher son émotion, qui était si vive que les larmes
s'échappaient de ses yeux.

Confrontation.

Nous faisons introduire M. Peyron à qui nous donnons lecture de la dépo-
tion qui précède.

M. Peyron fait la déclaration suivante :

— J'ai déclaré, dès le début de cette procédure, que j'assumais la responsabilité de ce que j'avais fait. Je vais m'expliquer une fois encore et de la
façon la plus catégorique. Oui, M. Gilly s'est opposé formellement à la publication de l'ouvrage. Il est parfaitement exact qu'il m'a invité à écrire à
Savine pour lui donner contre-ordre. J'ai télégraphié. A deux heures de
l'après-midi, j'ai revu M. Gilly qui m'a exprimé toutes ses angoisses pour le
paiement des taxes auquel il ne pouvait pas faire face. J'ai alors pris sur
moi d'employer l'expédient qu'avait proposé Chirac, et de télégraphier de
nouveau à Savine de tenir pour non avenue la dépêche du matin.

Je reconnais donc que c'est contre le vœu de M. Gilly, même contre sa
volonté, que j'ai envoyé cette seconde dépêche. Je n'ai pas entendu M. Gilly
me donner ordre d'écrire à Savine pour confirmer le contre-ordre donné
sous son inspiration le matin; mais cela ne m'empêche pas de reconnaître
que M. Gilly était absolument opposé à l'apparition du livre, et que si

ce livre a paru, c'est sur mon ordre. Mais, encore une fois, comment M. Gilly aurait-il fait pour payer ses témoins et pour indemniser l'éditeur?

J'ai voulu le sauver de la faillite, telle est mon excuse.

M. Allemand. — Mais M. Gilly avait-il à se préoccuper de la taxe des témoins après les assurances que vous lui aviez données et qu'il m'a rapportées?

M. Peyron. — Je me suis déjà expliqué à ce sujet, et je ne crois pas devoir y revenir; je ne comptais que sur les droits d'auteur.

M. Allemand. — M. Gilly a déclaré devant Me Avias et devant moi, que vous lui aviez affirmé que vous aviez un crédit ouvert chez un banquier.

M. Peyron. — Je m'en rapporte à ce que j'ai déjà dit.

Lecture faite, persistent et signent.

Signé : ALLEMAND.
Signé : Élie PEYRON.
Signé : BERNÈS.
Signé : PEPIN.

L'an mil huit cent quatre-vingt-neuf et le vingt-quatre janvier,

Par-devant nous, Marius Bernès, juge d'instruction de l'arrondissement de Nîmes, assisté du commis-greffier soussigné, procédant en vertu d'une commission rogatoire du juge d'instruction de la Seine, en date du 16 janvier, a comparu Avias (Denis-Hercule), avoué au Tribunal de Nîmes, témoin qui comparaît sur notre invitation, lequel a juré de dire la vérité, rien que la vérité, et n'être point parent, allié, serviteur ni domestique des prévenus.

Sur interpellation. — Il est exact que M. Gilly a dit devant moi que M. Peyron s'était chargé de tout *(sic)*, qu'il avait un crédit de 10,000 francs ouvert chez M. Guédan, que lui, Gilly, n'avait donc à s'occuper de rien.

Ce propos a été tenu devant moi, après le procès, et il m'a été répété par plusieurs personnes qui le tenaient comme moi de M. M. Gilly, notamment M. Bertrand qui m'a dit l'avoir entendu, lui, chez M. Gilly lui-même, lequel disait à Peyron : « Vous m'avez dit que vous aviez 10,000 francs chez M. Guédan. »

Déjà, avant le procès, M. Gilly m'avait dit que M. Peyron s'était chargé également de tout, et que si quelque question de procédure venait à être soulevée et qu'il eût besoin de moi, il viendrait me trouver. Il n'est jamais venu.

Lecture faite, persiste et signe.

Signé : AVIAS.
Signé : BERNÈS.
Signé : PÉPIN.

11

Suivant notre procès-verbal en date du 25 janvier 1889, est comparu Madier-Montjau (Noël-François-Alfred), soixante-quatorze ans, député, rue Blanche, 76, non parent, allié ni domestique de l'inculpé.

Dépose :

D. — Vous n'ignorez pas qu'une plainte en diffamation a été déposée par votre collègue M. Raynal, à propos du livre intitulé : Numa Gilly, *Mes Dossiers?* La plainte vise notamment le passage imprimé page 154 du volume. Dans ce passage que nous vous lisons, il est question des Conventions de 1883 à la discussion desquelles vous avez pris, croyons-nous, une part importante et que vous avez alors combattues très énergiquement contre M. Raynal. Dans l'intérêt de la vérité, et justement parce que vous vous êtes montré l'adversaire signalé de M. Raynal lorsqu'il soutenait ces Conventions au nom de l'État, nous vous avons appelé pour dire ce que vous pensez de ce passage du livre, et s'il est à votre connaissance que M. Raynal s'est fait le champion des Conventions uniquement parce que les intéressés avaient obtenu son concours à prix d'argent.

R. — J'ai été, en effet, l'adversaire des Conventions en 1883. L'ardeur avec laquelle je les ai combattues, et je les combattrais encore, était inspirée par ma conviction profonde que ces Conventions étaient contraires à l'intérêt de mon pays et lui seraient funestes. Autre chose l'augmentait encore : je veux parler de la contradiction, surprenante à mes yeux, qui se produisit après le dépôt de la loi, entre les idées passées d'un trop grand nombre de mes contradicteurs, qui avaient absolument partagé et vivement défendu précédemment les convictions auxquelles je restais fidèle, et leurs opinions nouvelles. Au premier rang de ceux-là, par sa position ministérielle et par l'habileté dont il fit preuve en défendant sa nouvelle thèse, se trouvait M. Raynal, devenu ministre, dont j'avais dû rechercher et étudier les discours dans les procès-verbaux du Conseil général de la Gironde, où il avait, avec beaucoup de constance et de talent, défendu les opinions dont il était devenu, en 1883, l'adversaire. Sous cette double influence, j'ai parlé très vivement, avec l'amertume même qu'inspire toujours l'abandon d'anciens amis, contre le nouveau système défendu par M. Raynal et contre le ministre qui le défendait. On ne peut rien trouver et vous ne trouverez, je pense, rien de plus dans les paroles que j'ai prononcées alors devant le Parlement. Il est bien vrai qu'à cette époque, plus d'une fois, des soupçons furent exprimés sur les causes de conversions que les adversaires des Conventions ne trouvaient pas suffisamment justifiées.

Il fut parlé de corruption, d'argent donné, reçu; mais je n'ai jamais entendu préciser ni un fait ni un nom.

Je ne sais à quel député de l'Aisne, mort aujourd'hui, fait allusion la page 154 du livre *Mes Dossiers*.

Lecture faite, persiste et signe.

Signé : MADIER-MONTJAU.
Signé : LASCOUX.
Signé : CROSNIER

Suivant notre procès-verbal en date du 25 janvier 1889, est comparu Pelletan (Charles-Camille), âgé de quarante-deux ans, demeurant à Paris, rue Niepce, 9, député, non parent, allié ni domestique des inculpés.

Dépose : D. — Vous n'ignorez pas qu'une plainte en diffamation a été déposée par votre collègue M. Raynal, à propos du livre intitulé : Numa Gilly, *Mes Dossiers*. La plainte vise notamment le passage imprimé page 154 du volume. Dans ce passage que nous vous lisons, il est question des Conventions de 1883, à la discussion desquelles vous avez pris, croyons-nous, une part importante, et que vous avez alors combattues très énergiquement contre M. Raynal.

Dans l'intérêt de la vérité et justement parce que vous vous êtes montré l'adversaire signalé de M. Raynal lorsqu'il soutenait ces Conventions au nom de l'État, nous vous avons appelé pour dire ce que vous pensez de ce passage du livre, et s'il est à votre connaissance que M. Raynal s'est fait le champion des Conventions uniquement parce que les intéressés avaient obtenu son concours à prix d'argent.

R. — Il est très exact que j'ai attaqué, soit quand on les a présentées, soit toutes les fois qu'un débat a été soulevé sur elles, les Conventions de 1883, que je considérais comme très funestes pour la fortune du pays, mais j'aurais cru agir en malhonnête homme si j'avais mêlé à mes attaques constantes contre une politique financière, des soupçons de corruption dénuées de preuves contre des personnalités quelconques.

Or, je n'ai rien connu qui permît d'accuser un membre du Gouvernement ou du Parlement d'avoir vendu à prix d'argent son adhésion aux Conventions.

Il est vrai que dans le discours que j'ai prononcé en 1883, dans la discussion des Conventions, j'ai posé à M. Raynal une question sur les millions employés secrètement par les Compagnies à leur propagande en général et à la propagande pour les Conventions de 1883 en particulier.

Mais les termes mêmes dont je me suis servi, indiquent qu'il s'agissait de sommes dépensées, soit pour publier des ouvrages ou brochures favorables aux Compagnies, soit pour faire insérer dans les journaux des articles en faveur des Conventions.

En ce qui concerne le député de l'Aisne, cité par le livre, il n'est pas possible de deviner qui il pourrait être. Un seul des députés de l'Aisne a pris avec nous une part active à la lutte contre les Conventions, c'est M. Lesguillier, et il est encore vivant.

En ce qui concerne le fait spécial de vénalité imputé à M. Raynal, à la page 154, *Mes Dossiers*, j'ai déjà dit que je n'y avais jamais cru.

Lecture faite, persiste et signe :

Signé : Pelletan.

Signé : Lascoux.

Signé : Crosnier.

Suivant notre procès-verbal, en date du vingt-cinq janvier mil huit cent quatre-vingt-neuf, est comparu Clémenceau (Georges-Benjamin), quarante-sept ans, député, rue Clément-Marot, 12, non parent, allié ni domestique de l'inculpé.

Dépose: *D.* — Vous n'ignorez pas qu'une plainte en diffamation a été déposée par votre collègue M. Raynal, à propos du livre intitulé : Numa Gilly, *Mes Dossiers*.

La plainte vise notamment le passage imprimé page 154 du volume. Dans ce passage que nous vous lisons, il est question des Conventions de 1883, à la discussion desquelles vous avez pris, croyons-nous, une part importante et que vous avez alors combattues très énergiquement contre M. Raynal.

Dans l'intérêt de la vérité et justement parce que vous vous êtes montré l'adversaire signalé de M. Raynal lorsqu'il soutenait ces Conventions au nom de l'État, nous vous avons appelé pour dire ce que vous pensez de ce passage du livre et s'il est à votre connaissance que M. Raynal s'est fait le champion des Conventions uniquement parce que les intéressés avaient obtenu son concours à prix d'argent.

R. — En ce qui concerne le fait mentionné page 154 du livre *Mes Dossiers* (pots-de-vin à M. Raynal à propos des Conventions), je ne sais absolument rien.

J'ai été l'adversaire résolu des Conventions, j'ai toujours combattu la politique de M. Raynal, mais si j'ai lu, comme tout le monde, dans plusieurs journaux des insinuations plus ou moins vagues au sujet de M. Raynal, je ne connais et n'ai jamais entendu articuler aucun fait précis à l'appui de ces articulations.

Je dois ajouter que je ne soupçonne pas qui peut être le député de l'Aisne auquel il est fait allusion dans la lettre dont vous venez de me donner lecture.

D. — Pourriez-vous nous indiquer, soit à la Chambre, soit ailleurs, quelque personnage important qui pourrait être entendu avec utilité sur les points qui ont motivé votre audition personnelle?

R. — Oui; M. Vauthier, ingénieur des ponts et chaussées, membre du Conseil municipal de Paris, qui a écrit contre les Conventions une brochure très remarquée, où se trouve le qualificatif de *scélérates* appliqué aux Conventions, si souvent cité depuis 1883.

Lecture faite, persiste et signe.

Signé : CLÉMENCEAU.

Signé : LASCOUX.

Signé : CROSNIER.

Suivant notre procès-verbal en date du 26 janvier 1889, est comparu Vauthier (Louis), soixante-treize ans, ancien ingénieur des ponts et chaussées et ancien membre du Conseil municipal de Paris, demeurant rue Molitor, 18, à Paris, non parent, allié ni domestique des inculpés.

Dépose : *D.* — Parmi les personnes que nous avons entendues hier et auxquelles nous avons adressé alors la question dont nous vous donnons lecture, était M. Clémenceau. En terminant sa déposition, ce député nous a dit de vous ce que nous vous lisons.

Veuillez donc vous expliquer au sujet des Conventions de 1883, par rapport au rôle qu'a joué dans leur discussion M. Raynal, et dire aussi ce que vous pouvez savoir relativement aux allégations diffamatoires formulées à la page 154 de *Mes Dossiers*.

Et après avoir entendu lecture de la page 154 de *Mes Dossiers*, de la première et de la deuxième question posées hier à M. Clémenceau, M. Vauthier s'est exprimé en ces termes :

R. — Ce n'est pas dans une brochure rédigée à propos des Conventions de 1883 que se trouve l'expression rapportée par M. Clémenceau, mais dans une lettre confidentielle à lui adressée en juillet 1883, si mes souvenirs sont précis, et par lui reproduite, à mon insu, dans le journal *la Justice*. J'étais, comme ingénieur et économiste, adversaire des Conventions avec les grandes Compagnies.

J'avais, de 1877 à 1883, développé mes idées à cet égard dans de nombreuses brochures contenant l'exposé d'un plan de réorganisation des chemins de fer français, lorsque vinrent en discussion les Conventions de 1883. La revue qui publiait les articles, réunis ensuite en brochure, n'existait plus. J'éprouvais un sentiment assez fâcheux de voir de nombreux députés, qui avaient jusqu'alors paru contraires aux idées que les nouvelles Conventions allaient sanctionner, s'engager dans cette voie. Dans un court passage à Paris, je cherchai à voir M. Clémenceau pour l'engager à combattre le projet, et lui fournir des arguments; ne le trouvant pas, je lui écrivis la lettre visée ci-dessus. Le caractère confidentiel de cette lettre et le sentiment auquel il est fait allusion plus haut, expliquaient la vivacité de cette expression. Mais elle n'implique nullement que je misse en cause l'honorabilité du ministre, et je ne sais absolument rien qui entache cette honorabilité.

J'ai entendu, comme tout le monde, dire bien des choses, mais ce sont des propos dénués de preuves.

Lecture faite, persiste et signe.

Signé : VAUTHIER.
Signé : LASCOUX.
Signé : CROSNIER.

Extrait de l'Écho de Paris. N° du 28 novembre 1888.
Une entrevue avec M. Numa Gilly.

Nîmes, 18 novembre 1888.

Je vous ai télégraphié les incidents du drame ou plutôt du vaudeville qui s'est déroulé devant la Cour d'assises du Gard. Il me semblait intéressant aujourd'hui de recueillir l'impression du principal intéressé, c'est-à-dire de Numa Gilly lui-même.

Comment Numa prendrait-il sa victoire? Triompherait-il modestement, ou bien au contraire écraserait-il ses contemporains sous le poids de ses succès?

Ce n'est pas sans peine que j'ai pu voir le susdit Numa. Je l'ai cherché d'abord et tout naturellement chez lui, dans cet asile inviolable sur lequel flotte, ô vanité des vanités, le drapeau tricolore. Je l'ai cherché ensuite à la Mairie, puis dans les Arènes où, semblable au gladiateur antique, il livre combat, non pas aux fauves, mais aux membres de la Commission du budget. Je suis même allé jusque dans l'antre de Belluaire, au Cercle national. J'ai le regret de confesser que je ne l'ai trouvé dans aucun de ces endroits.

Chez lui, j'ai été accueilli par une jeune fille très modeste et fort gentille d'ailleurs, qui m'a appris l'absence du maître de céans.

Aux Arènes, je n'ai rencontré que le légendaire gardien, qui m'a récité sa litanie ordinaire.

A la Mairie, je me suis heurté au concierge, un cerbère d'ailleurs suffisamment aimable.

Au Cercle national, j'ai vu un spectacle qui vaudrait un long article, que dis-je? un long poème.

Tout d'abord, je dois confesser aux Parisiens épris de plaisir que s'ils croyaient trouver dans le Cercle national de Nîmes un équivalent aux clubs du boulevard, ils se tromperaient fort.

Ni baccarat, ni cagnotte, ni cagnotte surtout; n'oublions pas, en effet, que nous ne sommes pas des jouisseurs : au rez-de-chaussée, dans une salle dont de sordides loques forment les portières, sur le sol humide qui sert de parquet, le farouche Numa tient ordinairement ses assises. Aux murs sur lesquels des rigoles ont laissé des traces pisseuses sont suspendus quelques lithographies et quelques chromos : c'est Rouget de l'Isle chantant la *Marseillaise ;* c'est Robespierre à la Tribune pendant la séance fameuse du 9 Thermidor; c'est le dernier chant des *Girondins;* c'est une République tout enluminée et qui subjugue les peuples des deux hémisphères représentés par un superbe nègre en caleçon et par un général de division; c'est encore un tableau représentant ou ayant la prétention de représenter les membres de la Commune; c'est enfin un placard sur lequel on lit : « Honneur aux victimes de la Commune. Honneur aux héros de 1789; revision de la Constitution. »

Tel est le Cercle où j'eusse pu trouver Numa Gilly, mais où il n'était pas plus que chez lui, aux Arènes et à la Mairie. Par contre je l'ai trouvé, le bon Numa, assis prosaïquement à une table du café de théâtre, où il dégustait, té! mon bon, un vermouth bitter.

— Eh bien, lui dis-je, vous devez être satisfait!

— Eh oui! me répondit-il en faisant un léger haussement d'épaules qui est familier aux Méridionaux.

— Enfin, vous devez être satisfait?

— Ils sont si bêtes! se borna à me répondre mon interlocuteur.

— Oh! quant à ça je vous concède que le Président et le Procureur Général n'ont pas fait montre d'une grande lucidité d'esprit. Mais ne craignez-vous pas que M. Baïhaut, en raison des conclusions qu'il a prises par le Ministère de Me Rousseau, ne vous fasse un nouveau procès en diffamation?

— Il s'en garderait bien, me répondit Numa Gilly en faisant un geste significatif. Il ne tenait pas à ce qu'on plaide à fond sur l'incident, comme je l'ai demandé à la suite de l'intervention de Me Rousseau.

— Et votre livre paraîtra-t-il?

— Oui, et très probablement demain; du reste, je pars demain soir pour Paris.

— Il y aura de nouveaux procès en diffamation qui vous seront intentés, répliquai-je.

— C'est possible, répartit Numa Gilly; en tout cas, j'ai vendu mes droits d'auteur.

L'éditeur sera poursuivi et le procès se déroulera à Paris.

— Et votre démission? questionnai-je.

— Je n'ai plus besoin de la donner maintenant, puisque je suis absous.

Tel est, en substance, le court entretien que j'ai eu avec M. Numa Gilly. J'ajoute, pour être complet, qu'il attendait M. Chirac, l'auteur des *Rois de la République,* qui, dit-on, aurait mis en ordre les renseignements envoyés au député du Gard et dont j'ai indiqué la source. M. Chirac, à ces renseignements, aurait ajouté ses informations propres. En tous cas, MM. Constans, Rouvier et Granet, ces deux derniers surtout, seraient principalement visés dans des articulations dont, à aucun point de vue, il ne saurait nous convenir de nous faire les propagateurs. MM. Baïhaut, Steenackers et autres viendraient après. Ne nous arrêtons pas à de telles accusations et, avant de quitter Nîmes, donnons quelques renseignements à côté du procès.

M. Antide Boyer défend son ami Numa Gilly d'être boulangiste. Quant aux frais du procès, ils seront faits par une souscription dont l'*Union des Travailleurs* remettra les fonds. Je passe sous silence les circonstances fabuleuses dans lesquelles Antide Boyer, déjà nommé, aurait fait la connaissance de Numa Gilly, dit le Tombeur de la Commission du budget.

Au dire du premier, qu'il me suffise d'ajouter que leur indignation s'est rencontrée comme par hasard. C'est épique.

Voulez-vous encore des renseignements?

Quelques amis de M. Baïhaut insinuent que c'est dans l'ancien entourage présidentiel, les battus paient l'amende, qu'il faut chercher la communication partielle du rapport de Me Rousseau au journal *le Temps*.

C'est aussi absurde que les calomnies dirigées contre l'ancien ministre des travaux publics.

Enfin, M. Salis, au dire de quelqu'un à qui il se serait confié, mais dont nous ne répétons les assertions que sous les plus expresses réserves, aurait voulu s'innocenter hier, lorsque le président lui a retiré la parole, en disant qu'il avait combattu le projet qu'on l'accuse d'avoir soutenu, et cela, parce que deux de ses collègues y étaient intéressés.

Tout cela est joli en vérité et, comme je le disais hier, n'en finirons-nous pas avec ces accusations et ne sortirons-nous pas de cette boue?

On ne parle que de pots-de-vin, de bons de commission, de sociétés financières, de trafics de décoration, de publications de dossiers, de révélations de scandales, c'est fort bien.

Je vois très nettement que nous sommes à la veille des élections générales et qu'on veut tuer la République.

Mais la France, qu'en fait-on?

Signé : Fernand XAU.

Extrait de l'Écho de Paris, nᵒ du 12 décembre 1888.

La défection de M. Numa Gilly.

On sait que M. Numa Gilly avait sollicité de M. Laguerre qu'il présentât sa défense dans les diverses actions qui lui sont intentées, et que le député de Vaucluse lui avait répondu par une fin de non-recevoir.

M. Numa Gilly a écrit à ce sujet l'étonnante lettre qui suit et que M. Laguerre publie dans la *Presse* .

« Paris, 9 décembre 1888.

» MON CHER LAGUERRE,

» Vous vous êtes certainement mépris sur la nature du service que je sollicitais de votre talent.

» Ce n'était pas pour me défendre des accusations contenues dans le livre intitulé *Mes Dossiers* que j'avais recours à vous, c'était pour que vous m'aidiez à établir que ce livre, non seulement n'est pas de moi, que je n'en ai jamais vu ni lu le manuscrit, et que les documents qu'il contient m'étaient complètement inconnus, mais encore jusqu'à l'annonce de la prochaine publication, j'ai adressé de Nîmes, le 18 novembre, à dix heures du matin, à l'éditeur Savine, une dépêche lui enjoignant de ne pas le faire paraître.

» Cette dépêche, que Monsieur Savine ne peut nier avoir reçue, il est facile d'en retrouver les traces au bureau du télégraphe.

» J'ai été le premier surpris, en lisant la brochure, d'y trouver le récit de faits concernant Mᵐᵉ Allemand, que je ne connais pas, et tout à fait désolé d'y voir des accusations contre M. Andrieux, dont j'avais en pleine Cour d'assises hautement proclamé l'honorabilité.

» Mes imputations contre certains membres de la Commission du budget subsistent tout entières, et il faut croire que le jury a rendu justice à ma bonne foi puisque mon procès s'est terminé par un acquittement.

» Mais il m'est impossible d'accepter la responsabilité d'un livre auquel je n'ai pris aucune part et qui a paru sous mon nom, malgré ma défense expresse.

» C'était pour expliquer cette situation au Tribunal que je m'adressais à vous, mon cher Laguerre; je regrette que votre parole si éloquente me manque pour le faire et je ne vous en serre pas moins la main avec une grande amitié.

» Signé : N. GILLY, *député du Gard.*

» 9 décembre 1888. »

Cela ne s'appelle pas une retraite, citoyen Gilly, mais une défection.

Voilà maintenant que vous n'avez plus rien fait, vous êtes innocent comme un enfant qui vient de naître et, semblable au héros de Thiboust, vous vous écrieriez pour un peu : Tout ça, c'est la faute à Coindet; si Coindet n'avait pas queuté, cela ne serait pas arrivé. Non, véritablement, c'est par trop raide, et vous ne ferez admettre par personne que ce soit le lapin qui ait commencé.

Est-ce votre éditeur qui a écrit le livre?

Est-ce votre éditeur qui m'a dit, parlant à ma personne, au café du Théâtre, à Nîmes : « Mon livre va paraître dans deux ou trois jours; il est tout prêt » ?

Il est vrai que lorsque je vous ai parlé des nouveaux procès qui vous menacent, vous avez répondu par cette phrase désolante, au point de vue de vos connaissances juridiques :

« J'ai cédé mes droits d'auteur à mon éditeur, je suis bien tranquille. »

Du reste, et pour bien établir la bonne foi de M. Numa Gilly, il nous suffira de reproduire la correspondance échangée entre le député du Gard et son éditeur.

Voici d'abord une lettre de M. Savine, elle est du 5 novembre 1888 :

« *A Monsieur Numa Gilly, député.*

» Monsieur,

» Vous avez entrepris une œuvre honnête qui doit prendre place dans l'histoire de ce siècle. Or, vous le savez, les paroles s'envolent, mais les écrits restent; c'est pourquoi je viens vous proposer de publier dans un livre intitulé : Numa Gilly, *Mes Dossiers,* les documents que vous produisez devant la Cour d'assises du Gard.

» Étant informé par vos amis qu'il vous répugnerait de tirer un profit personnel de la vente de cet ouvrage, je me tiens à votre disposition pour donner aux sommes qui représenteraient vos droits d'auteur telle destination que vous jugerez convenable.

» Veuillez agréer, etc.   Signé : Albert SAVINE. »

M. Numa Gilly répond, à la date du 7 novembre, à M. Albert Savine, éditeur :

« MONSIEUR,

» Sur le conseil de mes amis Élie Peyron et Auguste Chirac, j'accepte votre proposition, parce que j'estime que, comme vous le dites, les écrits seuls demeurent et instruisent plus longtemps que ne le fait la parole.

» *Mes Dossiers* ne sont pas autre chose que les lettres, documents et témoignages qui sont venus de toutes parts corroborer ce que j'avais déjà observé dans le cours de ma vie parlementaire. Je crois les devoir à l'opinion publique.

» Quant aux droits d'auteur dont vous me parlez et que je vous laisse le soin de fixer, je crois que le mieux sera de les verser à la souscription publique, qui, suivant les usages démocratiques, va être ouverte pour parer aux frais extrêmement onéreux du procès qui m'est intenté.

» Veuillez agréer, etc.

» Numa GILLY. »

Ainsi, comme le fait très justement observer le *Temps,* M. Gilly déclarait il y a un mois qu'il croyait devoir à l'opinion publique les dossiers dont M. Savine lui demandait la publication; il faisait même connaître l'emploi qu'il comptait faire des bénéfices éventuels de l'entreprise.

Aujourd'hui, il prétend qu'il n'a vu ni lu les documents reproduits dans l'ouvrage dont il a accepté la paternité par écrit.

Il ajoute qu'il a envoyé une dépêche le 18 novembre pour en interdire la mise en vente, qui n'en a pas moins eu lieu le 21.

Comment se fait-il qu'il ait attendu vingt jours pour y mettre un terme?

Il pouvait adresser une sommation par huissier à M. Savine; au cas où celui-ci n'y aurait pas obtempéré, il pouvait et il devait le désavouer publiquement dans les journaux.

La vérité est qu'aujourd'hui M. Numa Gilly cherche à fuir la responsabilité qui lui incombe et qu'il a volontairement assumée.

Il a calomnié tout le monde; il a diffamé tout le monde; ceux qu'il n'a ni offensés, ni calomniés, il les a menacés d'on ne sait quelles révélations faisant planer sur eux les plus effroyables soupçons.

Et maintenant qu'on lui demande compte de ses imputations et qu'on le met en demeure de formuler des accusations, non seulement il avoue ne rien savoir, mais encore il déclare tout net qu'il n'est pour rien dans cette affaire.

C'est la faute de M. Albert Savine, auquel il intente un procès, ainsi qu'à M. Chirac, pour s'être servi de son nom sans son autorisation pour la publication du livre *Mes Dossiers;* c'est ensuite celle de son défenseur, M. Peyron, qu'il poursuit également pour avoir écrit la préface de *Mes Dossiers,* ce qui est un comble!!

Le bon apôtre, en vérité! Et que sa conduite est donc à la fois correcte et fière, loyale et généreuse!

On peut s'attendre à voir M. Numa Gilly plaider l'inconscience, la folie.

Cette nouvelle capitulation sera faite en pure perte, et peut-être trouvera-t-on que tout cela, en langage de gens honnêtes et adroits, s'appelle de a fourberie, et ne saurait, en tout cas, passer pour de la bravoure.

Le nouvel avatar de M. Numa Gilly n'est pas fait pour le rendre sympathique ou simplement pour excuser sa conduite.

On voit ce que devient, devant le danger, ce fier-à-bras, ce foudre de guerre. Tant de platitude décourage! Mais elle ne saurait désarmer l'action de la justice, qui suivra son cours.

En attendant, le Rempart du Midi peut constater l'effet lamentable qu'a causé sa lettre à M. Laguerre.

Hier il a été accueilli dans les couloirs de la Chambre et au salon de la Paix par des éclats de rire qui le cinglaient de toute la force de l'ironie. Dans l'hémicycle, il a été violemment pris à partie par quelques-uns de ses amis

MM. Antide Boyer, Camélinat, Basly et consorts sont allés jusqu'à sa place lui reprocher son attitude.

Le fier-à-bras, qui devait tomber tout le monde, a accepté les reproches philosophiquement en homme qui est décidé à accepter tout plutôt que de marcher.

Le groupe ouvrier n'a pas d'ailleurs été trop dur pour lui. Il eût pu émettre un vote de flétrissure; il a décidé que ses membres iraient individuellement lui exprimer l'indignation que leur cause sa conduite.

On le voit, le grand justicier n'aura pas été bien loin dans son œuvre de vengeance implacable et de redressement moral!

Quoi qu'il en soit, l'*Avenir de la Haute-Saône* publie la lettre suivante de M. Baïhaut :

« J'ai porté plainte entre les mains du Procureur général près la Cour de Besançon contre les gérants des deux journaux le *Réveil de la Haute-Saône* et *l'Union des Travailleurs,* de Nîmes, organe de M. Numa Gilly, contre M. Mariotte, rédacteur du *Réveil,* et contre tout complice que pourra dévoiler l'instruction.

» Il m'était loisible de faire une série de procès isolés à ceux qui, au dehors, m'ont diffamé, soit dans un but politique, soit dans un intérêt personnel.

» Je préfère écraser d'un seul coup la calomnie. Je trouve juste d'atteindre les adversaires déloyaux qui, dans ce département dont je suis l'élu depuis onze ans, ont recueilli, aggravé, commenté, en osant les prendre à leur compte, les articulations les plus odieuses en même temps que les plus invraisemblables.

» J'ai poussé la tolérance jusqu'à son extrême limite.

» Tout d'abord, je voulais bien admettre que l'ardeur de la polémique excusât certaines violences.

» D'autre part, les outrages dont on m'abreuvait m'apparaissaient comme dignes de mon mépris plutôt que de ma colère.

» Enfin, prenant la peine de réfuter une à une les accusations dirigées contre moi, j'attendais que le *Réveil* eût la pudeur de se rétracter.

» Il n'en est rien. Bien au contraire. On affecte de considérer comme une sorte d'aveu ma dédaigneuse inaction. Soit!

» On s'est permis de dire : que je m'étais enfui pendant la guerre ;

» Que j'avais vendu mon nom pour des fonctions d'administrateur ;

» Que j'avais passé huit jours au château de Chenonceaux ;

» Que je m'étais opposé aux poursuites contre M. Wilson ;

» Que j'avais volé ou prévariqué, à propos des grandes questions dont je me suis occupé comme rapporteur de la Chambre, comme sous-secrétaire d'État ou comme ministre, Conventions avec les Compagnies, canaux dérivés du Rhône, freins à air comprimé, chemin de fer métropolitain, affaire de Panama. Sur chacun de ces points je somme mes accusateurs de fournir la preuve de leurs allégations.

» Pour essayer de briser à leur profit ma situation politique, sans souci de mon honneur privé, les inspirateurs et les bailleurs de fonds du *Réveil* n'ont reculé devant aucun mensonge, devant aucune perfidie.

» J'exige que la lumière se fasse.

» C'est pourquoi je traîne en Cour d'assises les vils et lâches calomnia-
teurs.

» Signé : BAÏHAUT.

» Paris, le 7 décembre 1888. »

Il est vraisemblable que M. Numa Gilly n'échappera pas aux justes reven-
dications de M. Baïhaut, non plus qu'à celles des autres personnes qui le
poursuivent.

Signé : Fernand XAU.

Tribunal de première instance du département   Paris, le 14 janvier 1889.
de la Seine.

Note.

Dans son interrogatoire du 12 courant, sixième feuillet au verso et septième
feuillet, M. Savine a exprimé le désir que la déposition de M. Xau (Fernand),
trente-sept ans, demeurant à Paris, 54, rue de la Victoire, rédacteur à
l'*Écho de Paris,* fût reçue.

Sur notre invitation, ce journaliste s'est présenté aujourd'hui à mon
cabinet. Voici le résumé de notre entretien :

D. — Vous vous trouviez à Nîmes, envoyé par votre journal, lorsque fut
jugé le procès intenté au député Gilly par le député Andrieux?

De Nîmes, vous avez envoyé des correspondances à l'*Écho de Paris?*

En voici une, signée de votre nom, datée de Nîmes, 18 novembre (lendemain du procès) et publiée dans le numéro du 20 novembre.

Vous y rapportez une conversation entre M. Gilly et vous. A cette question : « Et votre livre, paraîtra-t-il? » le député du Gard aurait répondu :
« Oui, et très probablement demain. »

Dans un autre article relatif à cette affaire Gilly-Andrieux, publié dans
l'*Écho de Paris* du 12 décembre, vous rappelez encore qu'à Nîmes M. Gilly
vous disait : « Mon livre va paraître dans deux ou trois jours; il est tout prêt? »

L'éditeur Savine désire que je vous adresse la question suivante :

Est-il hors de doute que, le 18 novembre, M. Gilly vous déclarait expres-
sément que son livre allait paraître, sans témoigner à cet égard le moindre
doute, sans manifester la moindre contrariété?

M. Xau ayant alors demandé dans quel intérêt son témoignage était sollicité, je n'ai fait aucune difficulté de lui dire ceci :

M. Gilly prétend qu'à partir justement du 18 novembre, il a interdit
formellement la publication du volume et déclaré à tout le monde qu'il n'en
voulait plus.

Sur quoi, M. Savine lui oppose votre article du 18 novembre, d'après lequel, ce jour-là, M. Gilly vous parlait du livre comme si aucun contre-ordre n'avait été donné pour la publication.

Mais M. Gilly, malgré cela, répond qu'à cette date du 18 novembre il n'a tenu ni à vous ni à personne le langage qui lui est prêté dans votre article. Maintenant, vous devez comprendre.

Il s'agit de savoir si c'est bien le 18 novembre, et non pas peut-être le 17 novembre, que M. Gilly vous aurait tenu le propos en question.

Peut-être même pourrait-il être nécessaire de préciser l'heure à laquelle le propos vous a été tenu, le 18, en admettant la date du 18 comme date certaine du propos.

Là-dessus, M. Xau a répondu que le propos lui avait bien été tenu le 18, mais à une heure dont il n'avait pas gardé le souvenir.

Il a ajouté que son article *Écho de Paris,* du 20 novembre, étant la reproduction d'un télégramme en clair envoyé de Nîmes, l'heure de l'expédition en serait facilement relevée au bureau télégraphique, et que si on lui faisait connaître cette heure, il pourrait sans doute se remémorer l'heure de sa conversation du 18 avec M. Gilly.

Là-dessus, l'entretien a pris fin sans que procès-verbal fût dressé, car d'une part le temps me manquait, « M. Xau s'étant présenté aujourd'hui au lieu de venir demain, comme le portait ma lettre de convocation », et j'avais hâte de reprendre le travail interrompu pour recevoir ce journaliste, et d'autre part, M. Xau soulevait des difficultés pour déposer régulièrement, objectant que, selon son appréciation, une sorte de devoir professionnel l'empêchait de s'expliquer comme témoin sur ce qui avait pu lui être dit comme journaliste.

Le Juge d'instruction,
Signé : LASCOUX.

Article signé : F. XAU, paru dans l'*Écho de Paris,* du 17 janvier 1889.

Le secret professionnel.

J'ai reçu la lettre suivante :

« Paris, 13 janvier 1889.

» Tribunal de première instance du département
de la Seine. — Cabinet d'instruction.

» M. Lascoux, juge d'instruction, prie M. Fernand Xau, rédacteur au journal l'*Écho de Paris,* de vouloir bien se rendre à son cabinet; au Palais de

Justice, après demain mardi, 15 courant, à midi et demi, pour y être entendu en témoignage (affaire Savine-Gilly).

» Prière de rapporter la présente lettre. »

Par suite d'engagements pris antérieurement, j'ai dû me rendre à cette invitation avant le jour et l'heure qu'elle me fixait.

Si j'ai bien compris, M. le Juge d'instruction, avec une courtoisie dont je lui sais gré, m'a expliqué que j'étais requis par M. Albert Savine, le malheureux éditeur de M. Numa Gilly, de donner à la relation d'une entrevue que j'ai eue avec ce dernier une formule légale, dont le ministère public se fût servi comme d'une base d'accusation.

Quelle que soit l'opinion que je professe à l'égard de M. Numa Gilly, et quelque compassion que j'éprouve pour M. Albert Savine, je me suis refusé à donner à M. le Juge d'instruction la satisfaction qu'il me demandait, fort courtoisement d'ailleurs, je le répète.

Je lui ai fait observer, et il a paru le comprendre, que le rôle d'un journaliste est d'informer le public et non d'instruire le Parquet. J'ai dit, de plus, que je n'avais rien à ajouter à mes articles, et que tout en déclarant qu'ils sont d'une exactitude d'autant plus scrupuleuse que le silence de la partie intéressée leur donnait une sorte de consécration, je ne me prêterais en aucun cas à leur donner la forme d'une déposition.

Peut-être le ferais-je s'il s'agissait de dégager la responsabilité de quelqu'un. Je ne saurais en tout état de cause écouter aucune invitation si respectable soit-elle, alors qu'il s'agit, quel que soit l'homme, de donner du corps à l'accusation.

Le rôle d'un journaliste peut être celui d'un polémiste ardent, violent même au besoin, il ne saurait se transformer en celui d'accusateur public.

C'est ce qui fait son indépendance, c'est ce qui légitime l'estime dont il est entouré. M. Lascoux l'a compris et il a su concilier à merveille ses devoirs d'homme du monde avec ses exigences de magistrat.

Je tiens donc à l'en remercier.

Il ne pouvait être admis, en effet, qu'un journaliste, un reporter surtout, allât pour ainsi dire non seulement provoquer, mais surprendre les confidences de quiconque pour en constituer plus tard un acte d'accusation contre lui.

Je maintiens donc ce que j'ai dit ; la conduite de M. Numa Gilly ne m'inspire que dégoût ; mais quant à transformer mes appréciations en accusation, jamais.

Je suis journaliste, je ne serai jamais dénonciateur.   Fernand XAU.

(*Écho de Paris,* numéro du 17 janvier 1889.)

*Recherches faites à Nîmes dans le but de retrouver le télégramme que
M. Xau aurait expédié de Nîmes, le 18 novembre 1888, à l'Écho de
Paris.* Paris, le 14 janvier 1889.

MONSIEUR LE PROCUREUR DE LA RÉPUBLIQUE,

J'aurais besoin de connaître exactement l'heure à laquelle a été expédié
de Nîmes, le 18 novembre dernier, un télégramme signé : Xau, envoyé au
journal *l'Écho de Paris,* à Paris. Ce télégramme est très long; il commence
par ces mots : « Je vous ai télégraphié les incidents », et se termine par :
« Et la France, qu'en fait-on? »

J'ai l'honneur de vous prier de vouloir bien demander à qui de droit la
certification de l'heure d'expédition de cette dépêche et me la faire connaître
ensuite.

Veuillez agréer, Monsieur, l'assurance de ma considération très distinguée.

Le Juge d'instruction,

Signé : A. LASCOUX.

Nîmes, 16 janvier 1889.

MONSIEUR LE COMMISSAIRE CENTRAL,

Je vous prie de recueillir le renseignement demandé par M. le Juge d'instruction Lascoux dans la lettre ci-jointe et de me le faire parvenir d'urgence.

M. le Directeur des postes et télégraphes vous indiquera l'employé qui
devra fournir la certification demandée.

Veuillez agréer, Monsieur, l'assurance de ma considération très distinguée.

Le Juge d'instruction,

Signé : BERNÈS.

L'an mil huit cent quatre-vingt-neuf, le seize janvier, nous, Moiteaux
(Paul-Eugène), commissaire central de police de la ville de Nîmes (Gard), officier de police judiciaire, auxiliaire de M. le Procureur de la République, agissant en vertu de la délégation de M. le Juge d'instruction du département de la
Seine, à nous transmise par M. le Juge d'instruction de Nîmes, nous sommes
rendu au bureau des postes et télégraphes, où nous avons prié M. le commis
principal de vouloir bien nous faire connaître exactement l'heure à laquelle
a été expédiée de Nîmes, le 18 novembre dernier, un télégramme signé :
Xau, envoyé au journal *l'Écho de Paris,* à Paris, commençant par ces mots :
« Je vous ai télégraphié les incidents », et se terminant par ceux-ci : « Et la
France, qu'en fait-on? »

A la suite de recherches opérées minutieusement, on n'a trouvé qu'un

13

seul télégramme expédié de Nimes pour Paris, le 18 novembre dernier, à huit heures trente-cinq minutes du matin, portant le n° 112.

Ce télégramme est ainsi conçu :

« Xau, 54, rue Victoire, Paris. J'arrive demain matin neuf heures. Bon voyage. Xau, hôtel Cheval-Blanc. »

La veille, le 17, il a été expédié de Nimes pour Paris, par Xau, pour le journal *l'Écho de Paris,* quinze télégrammes composés de 6,478 mots, mais aucun de ces télégrammes ne commence ni ne finit par les mots indiqués par la lettre de M. le Juge d'instruction de Paris. Pour cette raison, nous n'avons cru devoir en saisir aucun, avant d'avoir reçu de nouveaux ordres de ce magistrat.

Fait et clos à Nimes, les jour, mois et an que d'autre part.

Le Commissaire central,

Signé : MOITEAUX.

Nimes, le 16 janvier 1889, 7 h. 35 m. du soir.

Procureur à Juge d'instruction Lascoux, Paris.

Le télégramme signé : Xau, commençant et finissant comme il est dit dans votre lettre du 14, n'a pas été retrouvé.

Le 17 novembre, il a été expédié par Xau 15 télégrammes très longs, dont aucun ne correspondant à celui objet de votre demande.

Veuillez télégraphier instructions...

Répondu le 17 janvier à Procureur de Nimes : Ne puis par télégramme donner renseignements pour recherches concernant dépêche Xau.

Lettre suit.   A. LASCOUX.

Paris, le 17 janvier 1889.

MONSIEUR LE PROCUREUR DE LA RÉPUBLIQUE,

M. Xau, rédacteur à *l'Écho de Paris,* m'a déclaré, le 14 courant, qu'il avait expédié de Nimes par télégramme, le 18 novembre dernier, l'article intitulé : « Une entrevue avec M. Numa Gilly », que vous trouverez dans le numéro ci-joint, en date du 20 novembre, du journal *l'Écho de Paris.*

Il serait intéressant, pour l'instruction, de connaître exactement l'heure à laquelle, le 18 novembre, cette dépêche a été expédiée.

Veuillez agréer, Monsieur, l'assurance de ma considération très distinguée,

Signé : *Le Juge d'instruction,*

LASCOUX.

L'an mil huit cent quatre-vingt-neuf, le dix-neuf janvier,

Nous, Moiteaux (Paul-Eugène), commissaire central de police de la ville de Nîmes (Gard), officier de police judiciaire auxiliaire de M. le Procureur de la République, agissant en vertu d'une lettre de M. le Juge d'instruction du département de la Seine, à nous transmise par M. le Juge d'instruction de Nîmes, nous prescrivant de rechercher l'heure exacte à laquelle avait été expédié, le 18 novembre, un télégramme de M. Xau, intitulé : « Une entrevue avec M. Numa Gilly », nous sommes rendu au bureau des postes et télégraphes où M. le commis principal, après les recherches les plus minutieuses faites dans les deux bureaux de la ville, nous a fait connaître qu'il n'existait aucune dépêche se rapportant au télégramme ci-dessus, non seulement à la date du 18 novembre, mais encore à toute autre date et que la dépêche qui a paru dans le journal l'*Écho de Paris* du 20 novembre, n'avait jamais été adressée par ces deux bureaux.

De tout quoi nous avons dressé le présent procès-verbal pour être transmis à M. le Juge d'instruction.　　　　　　*Le Commissaire central,*

Signé : MOITEAUX.

Nîmes, 21 janvier 1889.

MONSIEUR LE JUGE D'INSTRUCTION,

J'ai l'honneur de vous retourner la demande de renseignements que vous avez bien voulu m'adresser.

Il n'a pas été possible de retrouver le télégramme indiqué dans votre lettre.

Toutes les dépêches expédiées par le correspondant de l'*Écho de Paris* ont été mises de côté, et dans le cas où vous auriez à les représenter au témoin, je les ferai saisir sur votre demande et vous les transmettrai.

Veuillez agréer, Monsieur, l'assurance de ma considération la plus distinguée,　　　　　　　　　　　*Le Juge d'instruction,*

Signé : BERNÈS.

Paris, 26 janvier 1889.

Monsieur Lascoux, juge d'instruction, Palais de Justice.

MONSIEUR LE JUGE,

Je suis forcé, pour le service du journal, d'assister à la réunion des actionnaires du canal de Panama qui a lieu à deux heures, à l'Hippodrome.

Je vous serais donc reconnaissant de m'excuser si je ne puis être à cette heure à votre cabinet, comme vous avez bien voulu m'y inviter.

En sortant de cette réunion, je me rendrai à cette invitation, quoique j'estime toujours, pour les raisons que j'ai pris la liberté de vous expliquer, ne pouvoir faire aucune déposition relativement à un article de journal. Il m'est toutefois bien difficile de vous dire exactement quelle sera cette heure, attendu que j'ignore à quelle heure sera la réunion. Quoi qu'il en soit, je le répète, je m'empresserai de me rendre aussitôt à votre cabinet.

Veuillez agréer, Monsieur le Juge d'instruction, l'expression de mes sentiments les plus distingués. Signé : Fernand XAU.

Tribunal de première instance du département
de la Seine.

Paris, 26 janvier 1889.

Note.

Sur nouvelle convocation, M. Xau s'est représenté aujourd'hui à mon cabinet; je lui ai donné connaissance du résultat des recherches faites à Nîmes dans le but de retrouver le télégramme en question. J'ai demandé si ce télégramme reproduit, sous forme d'article, dans l'*Écho de Paris* du 20 novembre, où on le donne comme expédié de Nîmes le 18, n'aurait pas été, en réalité, expédié de Nîmes le 17.

M. Xau m'a déclaré qu'il avait commis une erreur le 14 courant, en assurant que ce télégramme avait été expédié de Nîmes. Il a été, dit-il, expédié de Lyon, et il ajoute : le 18 novembre. M. Xau explique qu'il a quitté Nîmes le 18 novembre, vers midi, se rendant à Lyon; qu'il est arrivé dans cette dernière ville le 18, vers six heures du soir, et qu'aussitôt après son arrivée, il a expédié de Lyon le télégramme dont s'agit. J'ai renouvelé ma question déjà posée le 14 courant : Est-ce le 18 ou bien le 17 novembre que M. Gilly vous a donné l'assurance que son livre était sur le point de paraître?

M. Xau m'a répondu que, pour les motifs qu'il a déjà invoqués le 14 et qu'il a développés dans l'*Écho de Paris* du 17 courant, il ne croyait pas devoir fournir son témoignage. *Le Juge d'instruction,*
Signé : LASCOUX.

Extrait du *Gaulois.* N° du 19 novembre 1888.

Le lendemain d'un procès.

(De notre envoyé spécial.)

CONVERSATION AVEC NUMA GILLY.

Nîmes, 18 novembre 1888.

La farce officielle et juridique est finie, pour le moment du moins. Reste à savoir si tout s'arrêtera là. Comme toutes les fois que survient une aven-

.ture de ce genre, on va de scandale en scandale; il faut croire qu'on n'a joué
que le premier acte de la comédie.

   J'ai vu hier M. Numa Gilly; je lui demandai ce qu'il compte faire. « Je
vais publier mon livre, me répondit-il, et au plus tôt. Le volume paraîtra
demain soir. Je dis dedans tout ce que j'avais l'intention de dire à l'audience,
si des débats contradictoires avaient été autorisés. Les députés que j'ai cités
à l'audience ne bénéficieront pas longtemps de l'arrêt de la Cour de Nîmes,
arrêt demandé par le Procureur général et rendu par un Tribunal dont
le Président, au dire de tous les auditeurs de bonne foi, a eu une attitude
d'une partialité révoltante. »

   — On vous demandera des preuves, on s'acharnera à ergoter sur toutes
vos paroles.

   — Les preuves, je les donnerai. Je saurai prouver les tripotages parlementaires.

   — On vous poursuivra de nouveau, et plus sérieusement, cette fois.

   — On me poursuivra, mais peu m'importe, car les députés nommés dans
mon livre sortiront flétris des nouveaux débats, quand bien même je devrais
être condamné.

   Mon livre sera un succès de librairie.

   Je tiens à dire que je suis complètement désintéressé de cette question.
J'ai cédé mes droits d'auteur à mon éditeur.

   — Voudriez-vous me dire vos impressions à la suite du jugement d'hier?

   — Je suis ravi d'avoir été acquitté, je suis ravi également des ovations
dont j'ai été l'objet. Si j'avais été condamné, je démissionnais aussitôt, afin
de faire juges suprêmes les électeurs du Gard. Je regrette que M. Baïhaut
n'ait pas voulu entamer une discussion immédiate, car j'étais sûr de le
confondre et son avocat aurait été bien embarrassé pour le disculper. »

Au Cercle national.

   C'est là que doit venir ce soir M. Gilly. Bien bizarre ce cercle; c'est
quelque chose de méridional et d'invraisemblable, de quoi épater le
Parisien.

   Figurez-vous un cabaret méridional avec le billard obligatoire et les tables
de marbre.

   La cheminée est convertie en autel de la République, à l'aide de trois
bustes de République coiffés du bonnet phrygien. Au mur est accrochée une
immense chromo-lithographie, représentant la République acclamée ayant à
ses pieds des représentants de toutes les nations, y compris un nègre en

caleçon de bain. Au pied de la figure symbolique roule un diadème brisé.
Tout près de là un général qui ne ressemble pas à Boulanger, met dans
sa poche des décorations avec un geste de hautain mépris pour ces hochets de
la vanité. Il y a bien d'autres gravures ridicules; les unes représentent des
scènes de la Commune, les autres des têtes de communards célèbres, tous
moins ressemblants les uns que les autres. Près de la porte des inscriptions
sont gravées en lettres d'or : « Honneur aux héros de 1789! Honneur aux
victimes de la Commune. Revision de la Constitution, etc., etc. » Voilà le
cadre, l'extériorité, les mœurs du local sont marquées au coin de la même
étrangeté. C'est là que viennent assidûment Numa Gilly, Claris, Desmons
lorsqu'ils sont à Nimes.

Le patron du cercle, un nommé Espérandieu Gaussargue, me raconte
que les discussions politiques sont souvent fort vives. Il arrive quelquefois
qu'on en vient aux coups. C'est là le genre de passe-temps qui remplace le
baccarat des tripots parisiens.

Dans la rue, un drapeau tricolore indique que c'est là que se fabriquent
les députés et les sénateurs. C'est vraiment d'un méridionalisme savoureux.

L'attitude des témoins.

A Nimes, où la population a la tête près du bonnet, où l'on a accueilli
Numa Gilly par des acclamations, on est plongé dans une belle indignation.
Il paraît qu'une adresse de félicitations a été télégraphiée à M. Rouvier par
une certaine association nationale républicaine! On se demande ce que
viennent faire ces félicitations.

Quant à M. Salis, ce pauvre M. Salis que le Président a si vertement
rabroué, il est furieux qu'on lui ait si brusquement coupé son effet. Il
comptait s'expliquer sur les concessions de chemins de fer de Mostaganem à
Tiaret, le pauvre homme! Il a eu, prétend-il, le beau rôle dans l'affaire. Il a
fait avorter les tripotages de deux députés prévaricateurs.

On a demandé à M. Baïhaut si c'était lui qui a porté au *Temps* le fameux
rapport sur Panama, dont la publication a déterminé la baisse. M. Baïhaut
a répondu qu'il n'était pas le seul à connaître le rapport. Cette pièce aurait
été communiquée au conseil des ministres. Il y avait là M. Grévy, le
beau-père de M. Willson.

Un confrère de la presse locale a interviévé M. Antide Boyer.

« Gilly a exagéré, dit le député, en affirmant qu'il y avait vingt Willsons,
mettons-en dix et n'en parlons plus. A la Chambre on est vite écœuré, je
l'ai été quelques semaines après mon élection; je l'ai dit dans une lettre

insérée dans le *Cri du Peuple* et dans laquelle je traitais les députés de pourris. Cette lettre m'a valu une carte de Gilly m'envoyant ses félicitations. Depuis, Gilly et moi nous avons compté les incorrections de nos collègues. Dégoûtés, nous avons souvent songé à démissionner. Nous ne l'avons pas fait, car nos successeurs seraient peut-être moins scrupuleux que nous. »

Qui fait les frais du procès Gilly? Ce ne sont pas les boulangistes, répond Antide Boyer; nos adversaires l'ont prétendu, c'est faux. L'argent vient d'une souscription ouverte par le journal *l'Union des Travailleurs*, journal qui va devenir quotidien, avec une bruyante rédaction radicale dont feront partie plusieurs députés.

M. Rouvier et ses collègues sont partis ce matin, Rochefort se rend à Nice, M. Andrieux rentre ce soir à Paris.

Qu'est-ce qui paiera les frais du procès Numa Gilly? nous demande un de nos abonnés. Sera-ce M. Andrieux? Non! ces frais seront supportés par le gouvernement, le procès ayant été suivi par ordre du garde des sceaux auquel M. Andrieux, sans se porter partie civile, s'était adressé simplement. Les frais du procès s'élèvent à une somme relativement considérable; quarante-deux témoins ont été cités.

On sait qu'il est alloué à ceux-ci, outre une indemnité de 2 francs par jour, une somme de 3 francs par myriamètre. Or, la distance qui sépare Paris de Nîmes est 740 kilomètres ou 74 myriamètres, soit 222 francs par témoin.

La plupart de ces témoins sont députés et, quoiqu'ils voyagent gratuitement, il est probable qu'ils se feront payer l'indemnité que la justice leur doit, quand ce ne serait que pour se venger du voyage désagréable que dame Thémis les a obligés de faire.

Signé : Edmond LE ROY.

Suivant notre procès-verbal en date du 28 janvier 1889, est comparu Le Roy (Edmond), vingt-trois ans, rédacteur au journal *le Gaulois*, boulevard des Italiens, 9, Paris, non parent, allié, ni domestique des inculpés.

Dépose sur interpellation et après avoir pris connaissance de l'article signé: Edmond Le Roy, publié dans le *Gaulois* du 19 novembre 1888 qui nous a été signalé par l'inculpé Savine.

Cet article est bien de moi, c'est la reproduction exacte d'un télégramme en clair que j'ai expédié au *Gaulois* le 18 novembre dernier. Pour lui donner une apparence plus grande encore d'authenticité, je l'ai daté de Nîmes, mais en réalité je l'ai expédié de Lyon. Ce jour-là, 18 novembre, je quittai Nîmes à midi avec mon confrère M. Xau. Nous nous rendions tous les deux à Lyon. Dans le train nous rédigeâmes chacun pour nos journaux des dépêches que nous nous proposions d'expédier dès notre arrivée à Lyon. C'est ce qui eut lieu ; je vous répète que l'article en question a bien été écrit et expédié par moi le 18 novembre.

Ceci dit, je vais répondre à vos autres questions, lesquelles se résument ainsi :

Est-ce bien réellement le 18 novembre, à Nîmes, que M. Numa Gilly vous a dit qu'il allait publier son livre et qu'il paraîtrait le lendemain soir? ou bien n'est-ce pas le 17 novembre que M. Gilly vous tenait ce langage?

Vous me faites observer que d'après les premières lignes de mon article, où je commence par déclarer que c'est la veille de cet article que j'ai vu M. Numa Gilly, il semble que le propos sur lequel vous appelez mon attention ait été tenu le 17 novembre. Mais vous me faites remarquer d'autre part, qu'un peu plus loin je demande à mon interlocuteur ses impressions sur le jugement de la veille, c'est-à-dire du 17 novembre, et qu'il y a entre ces deux passages de l'article une contradiction sur laquelle vous désireriez un éclaircissement.

R. — En ce qui concerne cette contradiction, je réponds qu'elle résulte de la rapidité avec laquelle j'écrivais. J'aurais dû mettre au début : « J'ai vu aujourd'hui M. Gilly », ce qui aurait cadré absolument avec la phrase où je parle du jugement d'hier. Je vous donne l'assurance que je vis à Nîmes M. Gilly le 18 novembre au matin pour la dernière fois.

C'est ici que mon embarras commence.

Il y plus de deux mois que mon article a été écrit et que j'ai eu avec M. Gilly une conversation. Et bien encore que j'aie continué de rapporter toujours fidèlement dans mon journal les termes exacts des conversations que j'ai, je ne peux pas, lorsque plus de deux mois se sont écoulés, me souvenir de ce qui m'a été dit par M. Gilly, et faire la comparaison avec ce que j'ai écrit dans le *Gaulois*. A plus forte raison, il me serait impossible de préciser à quelle date M. Gilly m'aurait dit ce que j'ai rapporté dans le journal.

Lecture faite, persiste et signe.

Signé : Le Roy.
Signé : Lascoux.
Signé : Crosnier.

Extrait de *l'Intransigeant*. N° du 21 janvier 1889.

Élections municipales.

Nîmes, 19 janvier.

L'animation est grande en ville à cause des élections de demain. Toutes les demi-heures des affiches sont apposées. Le citoyen Numa Gilly fait afficher ce soir un appel aux électeurs contenant le passage suivant :

« Parce que j'ai voulu rendre la République respectable en la faisant respecter, parce que j'ai démasqué les agioteurs des deniers publics, j'ai été frappé par l'autorité.

» Vous voterez pour la liste de protestation. »

On a également affiché une lettre de MM. Dide et Claris, sénateurs, protestant énergiquement contre la révocation du citoyen Numa Gilly et la dissolution du Conseil municipal. Le résultat des élections sera probablement connu très tard dans la soirée de demain.

———

Note déposée le 28 janvier 1889 entre les mains de M. le Juge d'instruction Lascoux.

Il est un point qui résulte implicitement de mes déclarations et interrogatoires, mais qui n'y est peut-être pas assez explicitement traité. Je veux parler du jour sous lequel, à mon sens, il faut considérer le livre *Mes Dossiers*. Ce livre était, dans ma pensée, à proprement parler les Dossiers de M. Numa Gilly pour son procès de Nîmes (voir ma lettre traité du 22 octobre 1888, remise en copie certifiée à l'instruction) ; en fait, toujours à mes yeux, c'est comme un mémoire commentant, éclairant les dépositions des témoins. Tout, dans ma lettre du 22 octobre, marque que le livre était en dépendance absolue du procès de Nîmes ; tout, dans les lettres versées à l'instruction par moi et, si j'en crois ma mémoire, dans celles aussi que M. Chirac vous a promis en ma présence d'y verser, tout confirme cette dépendance. Dès le 22 octobre, je déclarai à M. Gilly ma confiance en la justice de sa cause. Peu de jours après c'était avec des fonds fournis par moi à valoir sur notre traité verbalement accepté par son mandataire Peyron que sa défense était préparée. Comme toute la France, je prenais au sérieux le rôle de justicier que le député Gilly s'était attribué. J'avais personnellement quelques raisons de croire que le monde gouvernemental n'était point ignorant du pot-de-vin. Dix ans de vie à Paris dans la presse et ensuite à la tête de ma maison d'édition m'avaient

14

initié à bien des faits qui, pour demeurer cachés, n'en étaient pas moins criminels.

Je n'ignorais pas que le livre de M. Gilly pouvait être un livre dangereux, au point de vue judiciaire; mais l'assurance du député du Gard et de ses mandataires était sans défaillances; tous étaient des gens sûrs de leurs faits et armés de preuves. C'est seulement depuis le 9 décembre que M. Gilly a découvert que son livre eût dû être inoffensif; le qualificatif paraîtra toujours singulier dans sa bouche, appliqué à la publication des pièces d'un procès tel que celui de Nîmes, tel surtout qu'il devait être, d'après les plans de défense de M. Gilly. (Voir dans le livre et les journaux du moment la liste des faits articulés et des noms des témoins.) Je pensais donc que des poursuites étaient possibles et même probables, et je m'asseyais, dans ce cas, volontiers aux côtés de M. Gilly sur les bancs de la Cour d'assises, convaincu d'avoir fait mon devoir de citoyen en lui fournissant les moyens de publier la vérité. La loi de 1881, en faisant un lot à part de la diffamation des hommes politiques et des financiers, me semblait, en quelque sorte, y inviter les hommes courageux et sûrs de leur fait.

Je m'étais fait donner des garanties; M. Gilly vous a dit ici même qu'il était en possession des preuves.

Je savais enfin qu'il y avait dans la Commission du budget des gens intègres; plusieurs de ceux-là ont intenté des poursuites, par cette raison même qu'étant intègres, ils tenaient à affirmer publiquement leur honorabilité.

Quand j'avais l'honneur de batailler à coup de plumes pour l'art nouveau et la littérature nouvelle, je n'ai jamais écrit une phrase que je ne sois fier d'avoir signée. Les livres que j'ai écrits m'ont fait membre d'une académie étrangère, l'Académie espagnole. D'aucuns de ceux que j'ai édités sont honorés de souscriptions officielles, et figurent dans les bibliothèques pédagogiques et scolaires, dans les bibliothèques municipales de Paris, etc. *Mes Dossiers* sont un livre absolument unique dans ma collection. Mon catalogue, placé à la fin du livre, vous en sera la preuve, si vous voulez vous y reporter. Vous y trouverez, par contre, les noms de dix jeunes écrivains appartenant à des groupements littéraires bien différents, qui tous seront un jour en vue, et qui ont tous débuté grâce à mon initiative.

Éditeur de la *Fin d'un Monde* et de *Mes Dossiers*, je reprenais les combats du passé sur un autre terrain, le terrain, non pas même de la politique de parti, mais de la probité et de l'honneur national. Peyron, dans notre entrevue, m'avait déclaré qu'il avait de quoi faire acquitter son client;

mais qu'il fallait plus qu'un acquittement à M. Gilly, qu'il lui fallait un triomphe auquel rien ne pût résister, une victoire éclatante d'honnêteté. Quand le volume parut le 24 novembre, le pays tout entier acclamait l'acquitté de Nîmes, la restriction des débats, au cas même de M. Andrieux, restriction que l'on a appelée par toute la France, à tort ou à raison, étouffement des débats, avait fait, dans l'opinion, de Gilly, l'honnête député par excellence et de ses adversaires, des concussionnaires avérés. L'effet du livre a été d'abord de blanchir pas mal de prétendus adversaires de M. Gilly en les dénoircissant; ensuite et par sa faute de déconsidérer M. Gilly lui-même à la suite de sa reculade du 9 décembre.

Cette reculade a eu pour effet aussi de m'inspirer pour M. Gilly, qui a tant de fois menti en ma présence et hors de ma présence, autant de méfiance que de dédaigneuse pitié.

Il est un autre point sur lequel je désire m'expliquer ici: on a affirmé que j'avais publié les révélations de M. Gilly dans un honteux esprit de lucre. Si ma lettre du 22 octobre affirme ma conviction que le livre *Mes Dossiers* serait un succès, elle n'est pas purement commerciale, je l'ai déjà dit: elle ne l'est même que dans la mesure strictement indispensable; il n'en est pas ainsi d'autres lettres de propositions reçues par M. Gilly et notamment à la date du 18 novembre d'une lettre reçue par lui de mon confrère Dalou. Nul ne pourra voir en ma lettre du 22 octobre l'expression de l'état d'esprit d'un homme affamé de gain; mais je n'ai nulle intention de dissimuler que je publie des livres pour les vendre, et les vendre en aussi grande quantité que possible. Je n'ai donc jamais pensé faire autre chose en éditant *Mes Dossiers* de M. Gilly, aux risques que vous savez, que ceci: gagner de l'argent en m'associant à une œuvre utile d'épuration, œuvre désirée par le pays tout entier et qui personnellement me donnait toutes les joies du devoir accompli.

Signé : A. SAVINE.

Suivant notre procès-verbal, en date du vingt-deux janvier mil huit cent quatre-vingt-neuf, est comparu Rigaud (Clément-Marius), âgé de trente-quatre ans, journaliste, rue Lacharrière, 7, non parent, allié ni domestique de l'inculpé.

Dépose : Le sept décembre dernier, Gilly arriva de Nîmes à Paris. Le lendemain, vers la fin de la journée, je me trouvais avec lui dans sa chambre à l'hôtel de France. Il y avait là Martin, de Nîmes, Chirac et encore une ou deux autres personnes. Gilly parlait du livre comme s'il ne connaissait pas son contenu; il venait d'apprendre qu'une dame Allemand, de Paris, se prétendait diffamée par certains passages de ce livre et voulait savoir ce qu'on avait imprimé sur cette dame. On parla aussi d'une manière générale, des autres documents du livre, et Gilly s'exprimait, je le répète, comme un homme qui ne les connaît pas du tout. C'est si vrai qu'on envoya sur l'heure quelqu'un chez Savine chercher un exemplaire du livre, afin que Gilly pût juger un peu ce qu'il y avait dans le volume.

Alors Chirac dit (je ne puis me rappeler ses paroles textuelles), en s'adressant à Gilly : « Eh bien ! mon ami, je vois que vous ne savez absolument rien ».

Je compris que ceci signifiait : je vois nettement que vous ne connaissez absolument rien des documents qui composent ce livre.

Un peu après, Chirac vint s'asseoir à côté de moi et dit, en s'adressant spécialement à ma personne : Je ne comprends plus rien à toutes ces manigances de Peyron, et « je commence à m'expliquer pourquoi il m'a écrit pour me défendre de voir Gilly. »

D. — Nous vous donnons connaissance des déclarations faites à Nîmes, à ce sujet, le 24 courant, par Gilly, Peyron et par le témoin Martin. Il est nécessaire de préciser. D'après vous, l'un des propos de Chirac signifiait : Je vois que Gilly ne connaît absolument aucun des documents imprimés dans le livre ; d'après Gilly, ce propos signifiait : Je vois que Gilly a été trompé et qu'il ne connaissait rien à l'organisation du livre. En d'autres termes : Je vois que Gilly n'a pas su que sa défense formelle de publication a été annihilée par les ordres postérieurs de publication envoyés à Savine en dehors de lui ; qu'on l'a ainsi trompé et que c'est contre son gré que le livre a paru.

R. — Je dépouillais la correspondance de Gilly ; j'écrivais même des lettres pour lui lorsque Chirac et les autres causaient ensemble. Je vous ai rapporté fidèlement ce que je me rappelle des paroles de Chirac, et je vous ai traduit le sens que je leur avais donné ; mais puisque j'écoutais d'une manière un peu distraite, j'ai pu ne pas tout entendre, et il n'y aurait rien d'impossible à ce que le sens donné aux paroles de Chirac fût réellement celui que Gilly leur attribue. Je ne puis pas me prononcer plus nettement sur ce point.

D. — Il importe, en outre, de recevoir vos explications très nettement au sujet des autres paroles de Chirac, relatives à une défense de voir Gilly, que Peyron aurait envoyé de Nîmes, par écrit, à Chirac. Vous voyez que, d'après l'acte d'instruction du 24 courant, Peyron nie absolument avoir écrit une telle lettre à Chirac. Vous comprenez bien la portée de tout ceci ?

D'après Gilly et d'après le témoin Martin, Peyron comprenant qu'il avait transgressé les ordres de Gilly et ne voulant pas que celui-ci fût mis au courant de sa duplicité par Chirac, qui savait la vérité et qui était peut-être le seul à la savoir à Paris, aurait recommandé formellement à Chirac, dans une lettre et sans s'expliquer davantage, de ne voir Gilly à Paris sous aucun prétexte. Et Chirac aurait déclaré formellement, le 8 décembre, quelque chose comme ceci :

Maintenant que j'apprends que Gilly n'a pas su que sa défense formelle de publication a été annihilée par les ordres postérieurs de publication envoyés à Savine en dehors de lui, qu'on l'a ainsi trompé et que c'est contre son gré que le livre a paru, je m'explique cette lettre que m'a écrite Peyron, lettre à laquelle je n'avais d'abord rien compris, dans laquelle il me recommandait d'éviter toute occasion de voir Gilly. Il craignait que dans la conversation, je fusse amené à dire que la défense de publier imposée par Gilly avait été annihilée en dehors de lui. Peyron ne voulait pas que Gilly le sût.

R. — Il me serait impossible de dire si les paroles de Chirac avaient le sens que vous venez d'expliquer et que paraissent leur attribuer Gilly et Martin. Je vous répète que j'écrivais des lettres pendant toute cette conversation. A un moment, comme je l'ai exposé, Chirac étant venu s'asseoir près de moi, me dit bien : « Je ne comprends plus rien à toutes ces manigances de Peyron, et je commence à comprendre pourquoi il m'a écrit pour me défendre de voir Gilly. » Mais je n'insistai pas, je ne demandai pas de plus amples explications à Chirac et je n'entendis pas s'il en donnait aux autres personnes présentes.

D. — A Nîmes, le 24 courant, le sieur Gilly a paru invoquer sur les points dont nous venons de parler, non seulement votre témoignage, mais celui de Me Puech, avocat. Il nous a paru difficile d'appeler en témoignage Me Puech que nous savons être l'avocat de Gilly et même de Chirac, à propos de la présente affaire. Mais, d'après les explications que vous venez de fournir, nous sommes amenés à penser que vous êtes le secrétaire du sieur Gilly. S'il en est ainsi, dites-le nettement à toutes fins utiles.

R. — Je sers effectivement de secrétaire à M. Gilly lorsqu'il est à Paris, et ce à titre gracieux, je tiens à le dire.

Lecture faite, persiste et signe.

Signé : RIGAUD.
Signé : LASCOUX.
Signé : CROSNIER.

16

www.ingramcontent.com/pod-product-compliance
Lightning Source LLC
Chambersburg PA
CBHW071448200326
41519CB00019B/5661